L'hypnose imaginationniste

Dr Rémi Côté Ph. D. psychologue

Hypnose-clinique.ca

DÉDICACE

À ma mère Julienne.

Contenu

REMERCIEMENT

Ce livre est un outil de réflexion pour son auteur. Merci à tous ceux qui me font réfléchir…

AVERTISSEMENT

Ce livre est une introduction à l'hypnose imaginationniste. Cette forme d'hypnose est très peu connue, tout comme son concepteur, le Baron Étienne Félix d'Hénin de Cuvillers qui a vécu de 1755 à 1841. Pourtant, il s'agit de la première méthode d'hypnose moderne.

À travers l'œuvre écrite de son concepteur, nous réviserons les principaux postulats du mouvement philosophique et psychologique qu'est l'imaginationnisme. Dans ce premier volet, cet exercice de réflexion théorique et pratique se propose de réinstaller l'histoire de l'hypnose pour y réinjecter le mouvement imaginationniste.

Dans la deuxième partie, nous décrirons, dans leur essence, les deux principales techniques d'hypnose créées par Hénin de Cuvillers ainsi que leurs applications.

L'intérêt de cette démarche est de recentrer le véritable objet de l'hypnose à partir des fondements imaginationnistes, qui étaient prépondérants lors de sa création originale. En effet, selon son créateur, l'hypnose est un outil d'accès à l'imagination. Une imagination qui se veut créatrice, mais surtout thérapeutique.

Nous suivrons dans une large mesure l'œuvre chronologique et l'ordre intérieur aux ouvrages d'Hénin de Cuvillers. Le présent écrit doit donc être considéré à ce titre comme un instrument d'exploration plutôt qu'un exposé théorique exhaustif et achevé. La rigueur se retrouvera dans la véracité des faits rapportés.

Nous proposons simplement et sans prétention, de mieux faire connaitre une œuvre longtemps méconnue, récupérée ou pillée, par suite de circonstances fâcheuses et aussi par le rejet de son caractère révolutionnaire, à l'époque de la restauration du monarchisme et de la foi religieuse en France.

VRAI OU FAUX :

VRAI L'hypnothérapie se retrouve historiquement à l'origine même de la psychologie clinique et de la psychothérapie.

VRAI L'hypnose médicale et clinique est une discipline fondée sur les données probantes fortes de 200 ans de recherches scientifiques. Son efficacité a été validée dans de nombreux contextes cliniques, avec des échantillons normatifs, en utilisant divers schèmes expérimentaux à l'aide de méthodologies causales et corrélationnelles. Les théories expliquant les phénomènes hypnotiques sont également très diversifiées. On retrouve des explications théoriques apparentées à l'analyse psychodynamique, aux courants béhavioristes, au cognitivisme, au néo cognitivisme, à l'humanisme et beaucoup d'autres camps théoriques.

FAUX L'hypnose a été créée par Braid, un ophtalmologiste de Manchester, en 1841.

Réponse : Ce n'est pas Braid qui a créé l'hypnose.

Alors qui a conceptualisé cette méthode thérapeutique ? Que savons-nous de son histoire ? Qu'est-ce que l'hypnose pour Étienne Félix d'Hénin de Cuvillers ?

« Celui qui ne sait pas d'où il vient ne peut savoir où il va. » - Antonio Gramsci

L'histoire nous aide à comprendre, à mieux construire et mieux interpréter la science et les représentations qu'on s'en fait. La culture scientifique ne peut constamment se réinventer. Elle évolue. De la même façon qu'on ne peut retourner en arrière pour nier le darwinisme, on ne peut faire abstraction du rôle crucial de l'imaginationnisme dans la conception de l'hypnose et de l'hypnose dans le développement de la psychothérapie.

Nous avons donc intérêt à étudier l'histoire de l'hypnose pour mieux comprendre pourquoi et comment elle a été conceptualisée. Nous trouvons, dans la connaissance du passé, de quoi éclairer notre présent, pour mieux exploiter notre héritage.

Nous démontrerons que l'imagination a toujours structuré le concept de l'hypnose, et cela depuis sa création initiale. L'imagination est le moteur de l'hypnose et est au cœur même de la mécanique de cette technique. Pour Hénin de Cuvillers, comprendre l'imagination, c'est comprendre l'hypnose et comprendre l'hypnose c'est comprendre l'imagination. Les deux sont intrinsèquement reliées dans leur nature et dans leur fonctionnement. Nous proposons de développer cette réflexion essentielle initiée par Hénin de Cuvillers afin de mieux prendre conscience de l'imagination et de son rôle dans l'hypnose.

Pour beaucoup de spécialistes, l'hypnose se définit par un simple état de conscience. Cet état de conscience apparait normalement et se déclenche naturellement selon des principes physiologiques. Il ne s'agit pas d'une altération ou d'une modification de la conscience. Il s'agit simplement d'un type d'état de conscience qui apparait naturellement. Certains le nomment état de conscience hypnagogique ou encore état de veille paradoxale se situant « entre deux eaux » où l'on n'est pas tout à fait endormi ni tout à fait réveillé. C'est pourquoi on dit qu'il s'agit d'un état de transe. Si l'on veut, c'est un peu comme la transition entre l'état de vigilance et insouciance, un état d'équanimité, caractérisé par un ralentissement moteur et une augmentation d'amplitude progressive des ondes électriques corticales.

Physiologiquement, l'activité corticale et motrice est inhibée, ralentie, inactivée, désactivée. L'état hypnagogique est l'état d'endormissement, un état de conscience intermédiaire entre celui de la veille et celui du sommeil qui a lieu durant la première phase du sommeil lent, mais qui n'est pas le sommeil à proprement parler.

L'état d'hypnose n'a donc rien d'une force mystique, ce n'est pas une « énergie » ésotérique, ou comme le prétendent certains chercheurs, « quelque chose que même la science d'aujourd'hui ne peut expliquer, parce que c'est trop complexe. » Les professionnels qui doivent respecter un code de déontologie et les principes scientifiques reconnus ont la responsabilité de rester honnêtes à propos de la nature de l'état de transe hypnotique. Pour Hénin de Cuvillers et pour les tenants de sa conception initiale et originale, l'hypnose agit simplement en activant un mécanisme neuro-végétatif parasympathique hypnagogique. Hénin de Cuvillers affirmait que cet état prédisposait le sujet à réactiver sa capacité à visualiser intérieurement pour pouvoir évoluer dans un investissement de sa vie imaginaire.

Par l'observation du phénomène hypnotique, Hénin de Cuvillers pouvait expliquer l'hypnose en identifiant des causes et des effets vérifiables. Il adhérait aux postulats déterministes affirmant que chaque effet, chaque comportement ou chaque réaction est déterminé par un principe de causalité. De nos jours, cela peut sembler banal, mais à l'époque, la pensée causale était révolutionnaire. La superstition religieuse était encore plébiscitée par une large partie de la population. L'idée que la cause produit l'effet s'imposait en tant que contrainte réaliste issue de la philosophie du Siècle des Lumières. La raison obstruait la marche inéluctable de la fatalité, où, selon les superstitions de l'époque, le cours des événements échappait à la volonté humaine. De la même façon, la religion excluait l'usage de la raison. L'affirmation révolutionnaire de la raison antinomique de l'affirmation de Dieu était le seul credo d'Hénin de Cuvillers. Pour lui, ce n'est pas le mysticisme ou un fluide animal universel qui produit les effets, mais des causes identifiables, observables et vérifiables.

Dans ce modèle déterministe, la précision des observations dépend de la profondeur des connaissances et du champ explicatif, un peu comme la portée d'une lentille dépend de la source lumineuse, mais aussi et surtout de la pureté de son cristal.

L'IMAGINATION, UNE LENTILLE CRISTALLINE

Hénin de Cuvillers, principal instigateur de l'imaginationnisme, plaçait donc l'imaginaire au cœur de la transe hypnotique. Il nous proposait d'observer le phénomène hypnotique à travers une lentille théorique simple et sans impureté. Contrairement au filtre conceptuel du « fluide animal », le concept d'imagination collait mieux et plus simplement à la réalité. L'imagination est une faculté de représentation de la réalité par la mémoire ou la création d'images intérieures. Sa phénoménologie est accessible et connue.

> **Note :** Nous connaissons le monde de l'imaginaire et nous l'avons tous expérimenté un jour, ou une nuit en rêve.
> Un jour ou une nuit en rêve - notre savoir intuitif de son pouvoir nous a transe porté.
> Un jour ou une nuit en rêve - l'imaginaire nous a dissocié de notre réalité immédiate.

En préservant du filtre « mystique », cette optique de la connaissance réelle, basée sur des faits, à l'avantage de réduire l'émotion et d'éliminer la peur. Dans ce contexte rationaliste, la connaissance permet l'exercice du contrôle.

En cela, l'opposition de Cuvillers à la « croyance mystique » de l'époque, c'est-à-dire la théorie du fluide magnétique proposée et soutenue par beaucoup de magnétiseurs. Ces manipulateurs de foule semblables aux hypnotiseurs de spectacles d'aujourd'hui, persuadaient et se persuadaient eux-mêmes de l'existence d'un fluide animal pouvant guérir les maladies et comme par magie, diriger les destinées. Contrairement aux magnétiseurs en vue de l'époque, comme Puységur ou Deleuze, Cuvillers ne croyait pas en l'existence de ce fluide magnétique universel. Il ne présupposait pas l'existence alléguée d'un flux ou d'un reflux semblable aux marées et sensible comme elles à l'influence du soleil et de la lune. Cette « énergie mystique » n'existait tout simplement pas.

Pour Cuvillers, le phénomène hypnotique s'appuyait entièrement sur l'influence de l'imagination, ce véritable « ψυχη του κοσμου », signifiant « esprit du monde » qui seul se trouvait à l'origine de tout mouvement physique ou mental.

Nous n'insisterons jamais assez pour souligner que la naissance de l'hypnose était motivée par le rejet de la manipulation, le désaveu du mysticisme, par l'abjuration de l'occulte et l'apostasie du mensonge. Nous n'insisterons jamais suffisamment sur ce fondement et surtout pour réaffirmer que l'hypnose imaginationniste n'est pas un mensonge et n'a rien d'un effet placebo.

L'hypnose se veut un choix conscient de faire le grand saut dans l'imaginaire, en toute connaissance de cause et dans le plus grand respect de la vérité.

Réhabiliter l'œuvre écrite d'Hénin de Cuvillers, c'est donc justement de proposer l'imaginaire comme point d'origine de l'hypnose, au cœur même de la naissance du rationalisme en tant que berceau de l'histoire des sciences modernes. À cette époque où la nation française tentait de se prendre en main, il y avait une préoccupation du vrai, de la vérité qui libère, de la libération des idées.

Pour mieux comprendre l'hypnose, nous avons également avantage à reconnaître son importance en tant que découverte pivot de la modernité. On admet volontiers l'influence de Watt et de sa machine à vapeur sur l'industrialisation. Pourquoi ne pas accorder le même statut de « concept influenceur » a l'hypnose? Il est difficile de comprendre comment, encore aujourd'hui, beaucoup de chercheurs et de professionnels de la psychologie peuvent nier l'importance de l'hypnose comme outil principal de la relation d'aide et de la psychothérapie. On a peut-être peur du concept? Pourquoi préfère-t-on parler de relaxation et de détente, plutôt que d'hypnose. L'état hypnotique est pourtant un état de conscience proche de la rêverie éveillée qui se caractérise par une grande détente et qui s'induit généralement par la relaxation musculaire progressive. C'est un état très naturel, très sain et bénéfique. Intuitivement, c'est un état très régénérateur et salvateur. Pourquoi en avoir peur?

Probablement, parce que c'est un concept encore trop révolutionnaire, ou que c'est une technique trop puissante. De plus, le concept d'hypnose est foncièrement « subversif », car il est issu d'une révolution antimonarchique. Il s'exprime par le refus de la soumission à un maitre externe exigeant un travail, une production, une forme de soumission servile. En hypnose, le sujet est conscient et volontaire. Au contraire, selon les préceptes du magnétisme, les magnétisés étaient contrôlés par la volonté des magnétiseurs qui ordonnaient : « Dormez, je le veux. » Les révolutionnaires hypnotistes suggéraient : « imaginez le sommeil et vous dormirez, imaginez le courage, et la peur se dissipera. »

Recentrer le point zéro de l'hypnose à une figure de la révolution héritière du Siècle des Lumières a aussi l'avantage immense de recadrer le contexte de son utilité. L'hypnose se voulait, dès sa création, un outil fidèle aux valeurs de la Révolution, un outil de liberté, d'égalité et de fraternité. Dans ce livre, nous verrons comment les valeurs de l'hypnose rejoignent les valeurs de l'humanisme des Lumières.

Petites parenthèses. En toute honnêteté, lorsqu'on tient dans ses mains et qu'on a la chance de lire les écrits d'Hénin de Cuvillers dans une édition originale, on a l'impression que son œuvre a subi deux siècles de plagiat ! On a le devoir de reconnaître sans équivoque que c'est lui qui, le premier, a créé le concept d'hypnose. Ce n'est pas un devoir envers un auteur qui a précédé tous ses lecteurs contemporains dans le grand néant, mais c'est une question d'honnêteté intellectuelle de base, très rudimentaire et très élémentaire. Sauf que dans certains milieux de la recherche, on considère l'intégrité comme une variante de la candeur innocente des naïfs débutants.

Dès 1821, Hénin de Cuvillers a publié sa conception de l'hypnose dans son livre « Le magnétisme éclairé », soixante-dix ans avant les querelles opposant Charcot et Bernheim ! Son innovation installait une perspective théorique portante sur le rôle primordial de l'imagination dans la construction de la conscience. Des questions le tenaillaient. Par exemple, par quel mécanisme l'imagination agissait-elle? Comment l'hypnose pouvait modifier l'imagination et inversement? Pour Hénin de Cuvillers, l'hypnose est un état de conscience accessible par une technologie rationnelle. Dans ses livres, il décrira ces techniques. On y retrouvera aussi des illustrations des applications de la transe hypnotique. Les techniques présentées décrivent des méthodes facilitant l'émergence de cet état de conscience. Ce ne sont pas des recettes complexes avec des scripts protocolaires à suivre mot à mot, mais des techniques visant l'atteinte d'un état de conscience, visant l'utilisation de cet état de conscience pour mieux accéder à son imaginaire.

Pour ce membre de l'Académie des Sciences de Paris, l'hypnose était avant tout un objet d'étude scientifique. En tant qu'académicien, il savait intégrer la méthode scientifique dans ses raisonnements. Il savait innover et proposer des explications satisfaisantes pouvant résister aux jugements des faits. Ses observations sont validées et répliquées en ayant recours à des schèmes causals revus, contrôlés, testés, corrigés, améliorés par des données hétérogènes provenant de sources multiples dans des contextes d'observations multiples.

Hénin de Cuvillers est un esprit de son temps, encore sous l'influence des penseurs du 18e siècle, le Siècle des Lumières. Il ne faut pas oublier que cette période de l'histoire moderne a vu naitre de grands philosophes aux origines sociales les plus diverses (Voltaire, Thomas Jefferson, Emmanuel Kant, Benjamin Franklin, Denis Diderot, Montesquieu, Condorcet). Ce véritable mouvement intellectuel s'opposait à l'obscurantisme des États et à la superstition de l'Église.

En lisant Hénin de Cuvillers, on se laisse facilement convaincre par les fondements de ses conceptions qui respectent les lois de la pensée causale. Il définit le phénomène de l'hypnose, l'observe, l'explique, et en propose des utilités pratiques de manière à maximiser le bien-être collectif. Le concept héritier de l'humanisme et du siècle de la raison, fruit du modèle causal, s'inscrit dans un continuum historique de la révolution sociale et industrielle du 19e siècle qu'on associe à l'émergence de la modernité. La valeur technique de l'hypnose rejoint, dans l'histoire des sciences, celle de l'électricité, de la photographie, de l'aviation, de la pasteurisation, ou du télégraphe.

PREMIER OBSERVATOIRE DU PHÉNOMÈNE HYPNOTIQUE

Il y a deux siècles, le sérieux de la posture intellectuelle d'Hénin de Cuvillers lui faisait déjà bonne réputation et grande renommée parmi les plus sérieux de ses contemporains, tels que Constant (2018). Sa démarche reposait sur un étapisme méthodologique irréprochable. Convaincue de l'importance de l'observation dans toute investigation respectant déontologie et éthique, son approche méthodique fut le fil conducteur de sa triple carrière, militaire, diplomatique et scientifique.

Beaucoup de chercheurs le confirment encore aujourd'hui, l'observation est de toutes les étapes de la méthode scientifique, la plus importante. L'observation est un art. Et lorsqu'on observe un phénomène aussi complexe et subtil que la transe hypnotique, il faut le connaitre par cœur. Hénin de Cuvillers en était l'artisan le plus talentueux. La méta-analyse de ses œuvres nous permet de confirmer la justesse de ses observations.

Certains chercheurs ayant emprunté les idées d'Hénin de Cuvillers nous en voudront d'en être le « *dé-fossoyeur* ». Jusqu'à quand devrons-nous tolérer l'ire de ces plagiaires et assister au spectacle désolant des malhonnêtes pilleurs de tombes sans scrupule de notre époque qui accaparent les idées anciennes en cherchant à s'en attribuer la paternité?

Si on observe une personne en transe, on peut n'y voir qu'un être immobile, les yeux mis clos, sans aucune expression au visage, présentant une respiration lente, profonde et régulière, et donnant l'impression de sommeiller. Mais Hénin de Cuvillers y voyait beaucoup plus. Il pouvait observer le contexte, les causes et les conséquences de ces transes. Il observait *in situ*.

Pour bien observer l'hypnose, il faut être soi-même conscient de notre propre état de conscience. Il faut aussi connaitre l'hypnose et la reconnaître, et en avoir fait l'expérience dans plusieurs contextes. Hénin de Cuvillers avait tout l'entrainement qu'on pouvait espérer pour se prémunir contre les éventuels filtres subjectifs d'ordre perceptuel, culturel, ou passionnel. Ses états de services militaires, ses hautes fonctions à l'intelligence et au jeu diplomatique, et surtout ses rôles de confiance sous plusieurs administrations politiques tumultueuses de son époque, restent les meilleurs garants de la fiabilité de ses capteurs sensibles et de la validité de ses observations.

Dans ses comptes rendus, publiés en plusieurs éditions et partagés par toute une communauté de penseurs, on retrouve l'essentiel de toute recherche scientifique, l'observation des faits. Ce détective de l'esprit, sensible aux autres et n'hésitant pas à tourner son regard vers lui-même dans des exercices d'auto-observation, pouvait esquisser d'une main de maitre la phénoménologie de l'hypnose pour mieux la comprendre et l'interpréter.

Ses conclusions s'énonçaient en théories raisonnables, des plus simples, suivant le principe du « Rasoir d'Occam » qui peut se résumer par l'économie des causes ou principe de parcimonie. En esprit pragmatique, probablement guidé par l'expérience de la haute diplomatie, Hénin de Cuvillers privilégie et valorise avant tout la simplicité dans ses explications. Sa thèse pourrait s'intituler « L'hypnose raisonnée », car la rigueur et la probité intellectuelle constitutive de ses raisonnements s'appuient sur des prémisses fondamentalement rationalistes et humanistes. Aucune hypothèse n'est présentée sans être accompagnée des faits qui la supportent. Par respect authentique et solidaire envers l'humanité, il ne propose rien qui ne soit pas plausible et explicable. S'il propose une cause, il mentionnera les faits simples qui appuient sa proposition.

À l'opposé de beaucoup d'orateurs sans scrupule qui manipulent l'opinion publique de l'époque, il ne multiplie pas les sophismes et les explications extravagantes. Il ne cherche pas à convaincre par les mots ou par les idées. Il s'attache aux faits et à leur valeur, leur fiabilité, leur validité, leur constance. Imprégné depuis sa jeunesse des vertus du raisonnement causal, il s'appuie sur le principe que tout élément factuel a une cause et qu'une cause produit des effets.

Lorsqu'il observe le phénomène hypnotique, son analyse holistique tient compte de ce que ce fait soit précédé d'une cause et suivi d'une conséquence. On retrouve aussi chez lui le souci de répliquer les résultats, dans divers milieux. Il décrit dans ses livres comment, en tant qu'observateur des phénomènes du magnétisme, il cherche à reproduire ses observations dans plusieurs contextes sociaux, historiques et culturels. Il multiplie les descriptions détaillées de diverses interventions de magnétiseurs de l'époque. Il explique comment elles se trouvent « répliquées » pendant les scènes publiques d'extase religieuse, sur les champs de bataille, et dans bien d'autres contextes culturels et historiques. C'est à partir de ses observations de divers phénomènes, comme les transes magnétiques, les extases religieuses, les états de dissociations des soldats sur les champs de bataille et les réactions de panique chez les phobiques, qu'il déduira des conclusions et élaborera des théories permettant de faire des prédictions. On peut suivre ses incursions éthologiques dans le monde animal, en lisant ses comptes rendus décrivant l'emprise qu'exercent des prédateurs sur leurs proies où les techniques de camouflage des proies qui semblent utiliser naturellement des techniques d'hypnose pour se fondre avec le plus grand calme dans le décor et mieux se protéger des prédateurs.

La valeur de la pensée et des concepts originaux

d'Hénin de Cuvillers tient justement à sa rigueur. À l'époque, les caractères rigoureux et rationnel de sa personnalité, sans excéder jusqu'à la rigidité, sont des qualités reconnues et recherchées chez lui. On considère la valeur de cet homme à son intégrité, son honnêteté et à son sens de l'honneur et plusieurs contemporains retrouvaient et respectaient ces qualités chez ce scientifique.

La plupart des livres d'Hénin de Cuvillers sont disponibles gratuitement sur « Google Livres ». La lecture de ces livres permet de cumuler suffisamment d'évidence pour confirmer Étienne Félix d'Hénin de Cuvillers au titre de premier créateur de la méthode de l'hypnose par suggestion de l'imagination.

Pourtant, même confrontés à la lecture de citations sans équivoque, certains lecteurs refusent d'honorer cet auteur de ses droits de « paternité ». Heureusement certains érudits contemporains ont étudié ses travaux (Gravitz Melvin A., 1984). Gravitz et Gerton (1984, 1993) ont publié quelques articles sur Hénin de Cuvillers. Ils dénoncent qu'encore aujourd'hui on attribue injustement à Braid la création de l'hypnose. Il apparait vraisemblable que ce dernier se soit largement inspiré des écrits d'Hénin de Cuvillers, en reprenant des pages complètes de ses écrits, sans jamais le citer.

Encore aujourd'hui, on recense les écrits de plusieurs « théoriciens » et « chercheurs » qui réinventent la roue et le bouton à quatre trous de l'hypnose. Certains, même des universitaires, sont prêts à revendiquer, sans aucune retenue, la paternité de ces concepts vieux de deux cents ans !

En effet, de nombreuses idées et concepts d'hypnose, de psychologie et de psychothérapie doivent être attribués à Hénin de Cuvillers. Il sera facile d'illustrer cette affirmation en reproduisant différents extraits textuels. À la relecture de ses textes d'origine, nous retrouverons les conceptions, théories et techniques d'hypnose qui nous sont familières et que nous utilisons encore aujourd'hui.

Par exemple, certaines idées que nous considérons comme nouvelles ou innovantes, comme le rapprochement entre l'hypnose et le yoga ou la méditation sont à la base même de la conception originale, construite par Hénin de Cuvillers.

DÉNONCER LA DUPERIE DU MAGNÉTISME DE « SPECTACLE »

Il est facile d'expliquer, rapidement et simplement, comment s'exercent les mécanismes de soumission à l'autorité sur un plateau de tournage ou sur la scène d'un spectacle de « fascination ». Ces phénomènes sont bien étudiés en psychologie sociale. En effet, des mécanismes de soumission sont à l'œuvre aussitôt qu'une vedette de la télé, représentant l'individu en autorité crédible et validée par le monde du spectacle, fait une demande à un sujet naïf, cédant à la pression de la soumission sociale. Ces mécanismes rendent bien compte des phénomènes observés pendant ces spectacles qui s'apparentent plus à des manifestations de conformisme social qu'à de l'hypnose. Il est donc fort probable que ces « spectacles » motivent le désaveu de certains scientifiques.

Heureusement, malgré les torts causés par l'hypnose de spectacle, beaucoup de chercheurs, de médecins et de psychologues, acceptent de mettre de côté leurs scrupules. Ces chercheurs plus « rigoureux » acceptent de considérer les données probantes accumulées depuis des décennies, indiquant clairement que l'hypnose s'impose comme l'une des techniques de détente les plus efficaces, même si elle n'a pas encore la place qu'elle mérite dans le monde médical. On ne peut pas nier l'importance grandissante de ces techniques. Si encore aujourd'hui, trop d'universitaires cherchent encore à discréditer sa réalité, plutôt que d'en admettre son importance, c'est qu'ils se trompent de cible. La science devrait rejeter l'hypnose de spectacle, mais par respect pour les patients qui peuvent en retirer tant de bienfaits, elle devrait sauvegarder la crédibilité de l'hypnose médicale.

Hénin de Cuvillers fut le premier scientifique à rejeter la validité, voir même la réalité des spectacles qu'offraient alors les magnétiseurs. Habité de l'humble ambition de démystifier l'hypnose en l'élucidant grâce à ses écrits lumineux et ses conceptions originales, il a toujours su adopter une approche raisonnée. Il en fait preuve depuis ses premières conceptualisations. L'hypnose est née d'une quête, faire la lumière sur les réels mécanismes d'actions du magnétisme.

L'analyse historiographique des faits et circonstances menant à la création de l'hypnose imaginationniste dévoilera comment les changements sociaux, l'avènement d'un humanisme politique et les transmutations symptomatiques de cette époque de tumultes contribuèrent à la création du concept. L'hypnose était un produit de son temps, un rejet du dogme, du mysticisme, de la tromperie inhérente au système monarchique, un rejet des manipulations d'une classe sociale dominante. Les techniques d'hypnose imaginationniste créées par Hénin de Cuvillers se voulaient être un antidote foncièrement humaniste et transparent pour contrer les calculs et manigances d'une caste voulant conserver un ascendant sur un groupe dominé.

L'HYPNOSE N'EST PAS UN PLACEBO

L'œuvre d'Hénin de Cuvillers avait pour objectif de démystifier et de raisonner le magnétisme. Il voulait un magnétisme éclairé, c'est-à-dire départagé de son mysticisme, des croyances et des attentes conditionnées à ressentir des effets positifs. Il voulait un magnétisme libre de ce que nous nommons aujourd'hui l'effet placebo. Il voulait un nouveau magnétisme, qu'il nommait hypnose et dont le principal mécanisme d'action serait l'imagination. En effet, selon le concept original d'Hénin de Cuvillers, la véritable source psychologique du pouvoir de l'hypnose ne réside pas dans l'adhésion dogmatique à un système de croyances, mais plutôt dans l'accès qu'elle donne à l'imagination. À l'inverse des magnétiseurs, il ne mise pas sur la croyance en une doctrine « infalsifiable », mais plutôt sur les moyens par lesquels s'exerce l'imaginaire. À partir de ces principes, Hénin de Cuvillers a créé les principales techniques d'hypnose, encore utilisées de nos jours en hypnothérapie. Sur les plans physiologiques, il invoque des techniques puissantes dont il retrace l'origine jusqu'aux racines de toute civilisation. À travers les écrits de ce conteur original, nous exposerons les mécanismes de ces outils et leurs utilités. Nous suivrons son cheminement intellectuel dans l'élaboration des concepts inédits et des multiples néologismes qu'il a créé à partir de la racine grecque « Énypnion » signifiant « sommeil accompagné de rêveries ». À partir de cette racine étymologique, Cuvillers fonda sa théorie en créant des termes comme « hypnologie » et « hypnotique ».

LA RACINE « ÉNYPNION »

Soulignons ici l'importance de la racine « Énypnion ». Certains croient à tort, pour de mauvaises et de fausses raisons, ou par pure ignorance, que le terme hypnose est formé à partir de la racine « Hypno ». Cette erreur est lourde de conséquences. Hénin de Cuvillers, le créateur du concept, a bien précisé que ce n'était pas le cas. Comment le contredire sans rejeter les bases de son concept, et ainsi travestir la volonté même du concepteur. En fait, certains praticiens et théoriciens contemporains manquent tellement d'éthique qu'ils n'hésiteraient pas même à s'approprier l'entièreté du concept, s'ils pouvaient le faire en toute impunité. Dans le domaine de l'hypnose, comme celui de la recherche scientifique ou des affaires, l'intégrité et l'honnêteté, la loyauté, l'équité et la confiance sont tributaires de la rigueur et du respect envers les faits.

Malgré cela, beaucoup d'hypnologues refusent de tenir compte de l'évidence et perpétuent l'erreur. Et cela cause de grands torts à l'hypnose ! En attribuant à l'hypnose les propriétés du sommeil, nous le dénaturons. L'hypnose n'a jamais été supposée ressembler au sommeil, car ce terme n'a tout simplement pas été créé à partir du préfixe hypno signifiant sommeil ! Nous pourrons confirmer, à la lecture du « Magnétisme éclairé », qu'Hénin de Cuvillers n'a jamais eu l'intention de mettre l'accent sur le préfixe Hypnos pour construire son concept. Nous verrons qu'il s'appuyait plutôt sur la racine « Énypnion », signifiant rêve éveillé. En effet, dans l'esprit de son concepteur, l'hypnose n'usurpe pas le libre arbitre en imposant un sommeil artificiel, à la manière des psychotropes pharmaceutiques. L'hypnose se conçoit plutôt comme une rêverie et se fait littéralement « Énypnion ». L'hypnose se fait littéralement « visualisation ».

Que faut-il comprendre de ce « malentendu » ? Pourquoi entend-on encore médire, par des formateurs censés connaitre l'histoire de l'hypnose, que le terme hypnose est construit à partir du préfixe hypno qui signifie sommeil ? Jusqu'à quand devrons-nous justifier, à qui veut entendre, que la création du terme hypnose n'a rien à voir avec le sommeil !

Mise en garde : méfiez-vous de ceux qui prétendent que le terme hypnose dérive seulement du préfixe « hypno ». Ils ne connaissent pas l'histoire de l'hypnose !

LA MUDRA DE L'INDUCTION

L'hypnose n'est pas le sommeil. Mais qu'est-ce que c'est alors? Nous tenterons de répondre à cette question en explorant les techniques préférées d'Hénin de Cuvillers. Ainsi, nous explorerons sa technique d'induction hypnotique qu'il nommait Abéaston et dont il affirmait avoir retrouvé l'équivalent dans toutes les grandes civilisations et traditions religieuses. De nos jours, on la désigne comme « Abhaya-mudrā », une technique propre à l'hindouisme et au bouddhisme. Dans ces traditions religieuses, ce geste simple est censé induire un réconfort propre à celui qui pratique cette forme d'hypnose méditative. Il symbolise la dissipation de la peur et la réception de la béatitude. Ce geste consiste à placer la main devant soi, paume ouverte et les doigts joints, le bras à la verticale. En employant les termes de l'époque, nous illustrerons comment cette technique pouvait « induire le confort, diminuer les peurs et apaiser la douleur ». Des applications pratiques contemporaines de cette technique fondamentale d'hypnose seront illustrées. En s'appuyant sur ses observations, Hénin de Cuvillers réaffirmait la puissance méconnue de la relaxation musculaire, de la détente et de l'immobilité bienveillante et béate qu'offrait cette technique posturale qu'il nommait Abéaston. Dans cette position codifiée par l'ancienne culture védique, la personne hypnotisée se concentrait sur sa propre main, sur la main de l'hypnotiseur, sur les sensations de chaleur, imaginant l'énergie et la protection bienveillante qui rayonnait de la « relation » dans le bouclier d'une aura enveloppante.

Précisons ici que l'hypnose ne peut pas résulter d'une croyance placebo, car elle implique un investissement dans l'imaginaire qui se fait nécessairement par le consentement volontaire et conscient de la personne hypnotisée. Dans l'imagination hypnotique, qu'Hénin de Cuvillers nommait aussi phantasiexousie, cette volonté reste sous le contrôle conscient de la personne hypnotisée pendant la transe. Partant de la prémisse que le processus mental de la croyance soit indépendant de la confirmation factuelle, il peut échapper à la volonté du croyant. Par définition, l'adhésion du croyant à une vérité se base sur autre chose que l'information. Elle se fonde sur une espérance, une confiance parfois aveugle, mais elle restera à tout le moins une hypothèse dogmatique. La volonté du croyant ne s'exprime pas ou très peu, car il s'en remet à une confiance aveuglée par l'ignorance. Hénin de Cuvillers refusait de s'en remettre à cet état d'entière soumission qu'il rejetait et condamnait comme autant de preuve de faiblesse et d'impuissance. Selon sa conception, l'attribut essentiel de l'hypnose réside dans sa transparence, dans sa valeur de vérité confirmée par les faits. L'hypnose se fait imagination des possibles et progression curative par le mouvement des idées.

> **Mise au point :** imaginer résulte de l'activation de représentations issues de la volonté consciente. L'hypnose ne peut être un placebo, car elle est induite par l'imagination consciente. En état d'hypnose, on peut consciemment imaginer une croyance. En état placebo, on croit à la réalité d'un mensonge dont on n'est pas conscient.

Pour Hénin de Cuvillers, la personne en état d'hypnose authentique ne se trouve pas à la merci de ses croyances, de fourberies, d'artifices, de tromperies, de duplicité, de manipulations ou de quelques arnaques malhonnêtes. *A contrario*, la personne hypnotisée se trouvera dirigée avec bienveillance dans l'élaboration de son imaginaire, dans une position confortable, d'immobilité, de neutralité et de réceptivité qu'est l'Abéaston.

EN HYPNOSCOPIE, L'IMAGINATION SE FAIT VISUALISATION

Hénin de Cuvillers utilisait l'hypnose pour laisser émerger dans le champ de conscience, une imagerie médiatrice. Cette technique qu'il a formalisée en 1823 et que certains auteurs ont rebaptisée « visualisation créatrice » à la fin du XXe siècle, permet de se focaliser sur nos représentations intérieures pour mieux répertorier nos ressources vitales, réveiller et découvrir l'être entier, notre potentialité en développement.

> **Exercice d'hypnoscopie :** imaginez le chevalier Hénin de Cuvillers chevauchant un mythique destrier nommé hypnose. Visualisez sa monture bondissant sur les changements, sautant harmonieusement les obstacles de cette période de crise sociopolitique. Cuvillers passe de la monarchie à la République pour revenir à une oligarchie totalitaire. Imaginez-le imaginer en utilisant l'hypnose dans ses volte-face. Grâce à ses techniques, il reste toujours en possession de ses moyens, en contrôle.

EN HYPNOCRATIE, L'HYPNOSE SE FAIT GESTION

Hénin de Cuvillers appliquait sa technique d'hypnocratie pour gérer ses objectifs. En le lisant, on constate que ses expériences de guerre, son activité savante et ses représentations diplomatiques ont forgé sa réflexion, sa personnalité, sa rigueur, mais aussi sa créativité. Comme le disait Paul Éluard : « Il n'y a pas de hasard dans la vie, il n'y a que des rendez-vous. » Ainsi on pourrait dire qu'Hénin de Cuvillers avait rendez-vous avec lui-même et que l'hypnose s'est invitée!

Cette technique lui permettait d'entretenir une relation étroite avec lui-même. Par exemple, en revisitant ses principaux thèmes, on constate son hostilité face au mysticisme entourant le magnétisme. Il devait avoir recours à la technique d'hypnocratie pour y puiser le courage d'exprimer ouvertement son hostilité face aux défenseurs passionnés de ce mouvement si populaire. À cette époque, où régnait encore la superstition, il fallait aussi beaucoup de recul pour afficher publiquement son attachement et son respect envers les grands principes de l'épistémologie positiviste. L'hypnocratie l'aidait à cultiver un état de dissociation face à la société crédule pour garder une distance émotive et rester rationnel. Dans ce contexte, se dissocier lui permettait de mieux observer ses objectifs pour mieux les atteindre.

UN PRÉCURSEUR NÉ DE LA TOURMENTE SOCIALE

L'hypnose a pris naissance dans la tourmente historique et socioculturelle de la Révolution française. Les bouleversements de ce segment tumultueux de l'histoire, marquée par la violence, les conflits, les guerres et les changements sociopolitiques, nous aident à comprendre comment les protagonistes de divers mouvements intellectuels, politiques, militaires et spirituels ont contribué à l'émergence du concept de l'hypnose.

La révolution réclamait le rejet de la monarchie

et de son dogme religieux, outil de manipulation et de contrôle. L'avènement de la République française et la création d'institutions universitaires conduisirent à la naissance de l'hypnose scientifique. Deux décennies après le début de la Révolution française, et de la Terreur qui s'en suivit, après la conjoncture bonapartiste, Étienne Félix d'Hénin de Cuvillers est fait membre de la Légion d'honneur, puis confirmé Baron. En 1819, ce capitaine de la « Grande Armée » obtint un titre, une pension de retraite et se retrouva avec un peu de temps et un peu d'argent pour rencontrer d'anciens compagnons, discuter, écrire et surtout pour publier sur ce vaste sujet que deviendra l'hypnose.

En tant que secrétaire d'une société scientifique, il publiera plus de deux milliers de pages de manuscrits sur l'étude scientifique des phénomènes hypnotiques observés dans divers milieux.

Au cours de cette seconde carrière, Hénin de Cuvillers mènera des recherches savantes reconnues par l'Académie des Sciences de Paris. Il se consacre à l'étude de ce qu'il appelait le « magnétisme éclairé ». Sa mission : Faire la lumière sur les causes du spectacle, parfois triste, auxquels se livraient les « magnétisés ». Hénin de Cuvillers démasquera aussi les « magnétiseurs » charlatans. Dans ses livres illustrés d'exemples puisés au cours même de l'histoire universelle, il dénoncera les charlatans, tels que les magiciens guérisseurs, rebouteux et ramancheux. Tout en considérant l'imagination comme substance active et commune à toutes ces professions, il décrit néanmoins ces formes de magie blanche comme des duperies. Il révèle comment les « toucheurs », posant les mains sur le visage, apaisent les sens et ramènent le patient dans une relation de gratitude, de confiance, de bienveillance, mais ne manque pas d'accompagner cette description d'une herméneutique explicative soulignant l'intention trompeuse, la mesquinerie et les calculs intéressés de ces manipulations.

Par analogie, il assimile ces soigneurs de l'antiquité et du moyen-âge aux « foreurs » sourciers ou sorciers qui utilisaient des « tiges divinatoires » pour mieux profiter de la crédulité des paysans. Au moment de la révolution, la médecine était limitée et plutôt embryonnaire. Il y avait encore beaucoup de « magnétiseurs » comme Franz Anton Mesmer. Ces charlatans et ces escrocs multipliaient les subterfuges et les artifices avec beaucoup d'habileté et d'assurance. Rappelons ici que parmi eux, plusieurs ont agi effrontément et sans retenues pour exploiter le public sans honte, souvent pour assouvir des intérêts d'ordre pécuniaire.

Par d'habiles paroles, ils ont cherché à gagner la confiance des passants sur la place publique. Le plus renommé d'entre eux, Franz Anton Mesmer, bénéficiant des mêmes origines nationales que la reine Marie-Antoinette, pouvait se présenter dans la haute société et être invité aux salons des nobles ou des bourgeois qui le considéraient comme une excellente distraction, un bon spectacle, un bon divertissement.

Ces charlatans croyaient ou faisaient croire en un fluide magnétique universel qui régissait toutes les formes de vie. En exerçant leurs subterfuges, nous démontrerons comment ils utilisaient, par exemple, des appareils produisant de l'électricité statique pour « choquer » des volontaires subjugués.

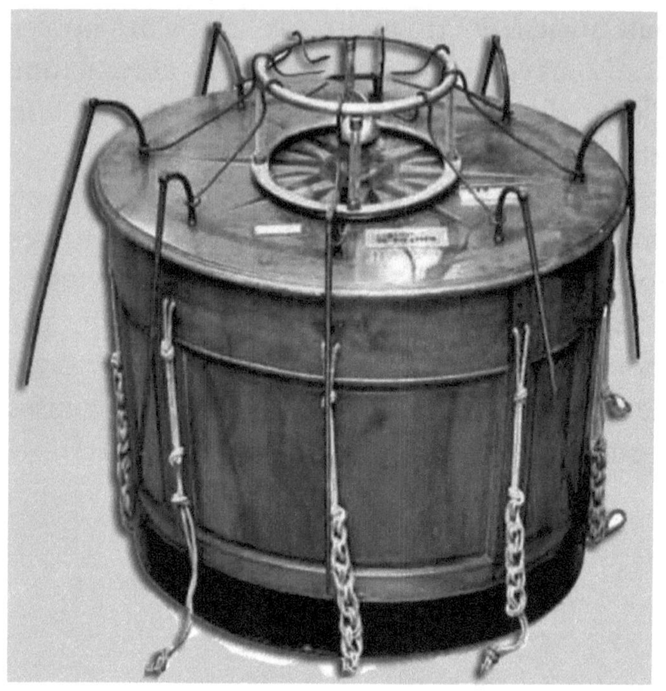

BAQUET DE MESMER

La théorie magnétique de Mesmer s'inspire des recherches de Galvani sur l'électricité. En bref, son dogme était basé sur l'existence supposée d'un fluide magnétique universel qui circulait dans tous les êtres vivants et qui s'apparentait à une représentation liquide ou « fluidique » de l'électricité. Selon Mesmer, ce liquide pouvait guérir les malades en circulant dans leur corps. En fait, en donnant l'espoir d'une guérison par la croyance en ce fluide, Mesmer misait uniquement sur l'effet placebo, c'est-à-dire un traitement dont l'efficacité repose entièrement sur les convictions, les croyances du sujet qui reçoit le traitement. Ce n'est pas le traitement qui guérit, mais un marché de dupe. Une tromperie aux effets psychologiques et médicaux potentiellement nocifs et toxiques. Comme expliqué dans le précédent chapitre, l'effet placebo n'est pas l'œuvre de l'imagination libre et créative. Produit par une manipulation du sujet à son insu, un impact positif observé dans les premiers instants peut rapidement laisser place à une impression vertigineuse de vide, caractéristique de la tromperie et de la dépendance.

Dans cet esprit, Hénin de Cuvillers insistait pour mettre en garde son public. Même si une tromperie (placebo) peut, dans l'immédiat d'un premier contact, avoir une influence positive sur certains symptômes, elle ne pourra pas guérir une maladie.

LE BAQUET DE LA TROMPERIE !

Le baquet dissimulait des bouteilles de Leyden reliées à des tiges de métal sortant de son couvercle de bois. Le dispositif qui générait de l'électricité fut inventé par l'allemand Von Kleist, qui considérait l'électricité comme un fluide et cherchait à le capturer dans une bouteille. (Kuhn, 1996, p. 17) L'université de Leyden publia sa découverte autour de 1745. Cet appareil était le prototype de ce qui porte aujourd'hui le nom de condensateur électrique, élément encore utilisé dans la plupart des circuits électroniques. Constitué de deux minces feuilles de métal séparées par le verre isolant de la bouteille, il permettait de recréer, à petite échelle, la décharge des éclairs observés dans la nature. Les charges électriques polarisées sur chacune des armatures accumulent l'électricité statique comme des nuages dans le ciel.

Toucher à la tige métallique des conducteurs polarisés permettait aux électrons de circuler vers la terre, produisant une sensation de choc électrique. Le « magnétisé » tenait une tige et un « valet-toucheur », circulant autour du seau, avait pour tâche de fermer le circuit électrique en touchant les « malades » afin de leur transmettre le fluide. On peut supposer que c'est à ce stade que le valet, en fermant le circuit électrique avec la terre, transmettait une décharge d'électricité statique. Le « magnétisé » accroché à ce « condensateur » devait être très impressionné, littéralement « électrifié ». Il existe un compte rendu des « Archives du magnétisme animal » (1823, p. 226) mentionnant les bouteilles de Leyden et un commentaire sur son utilisation abusive par certains magnétiseurs trompeurs et frauduleux.

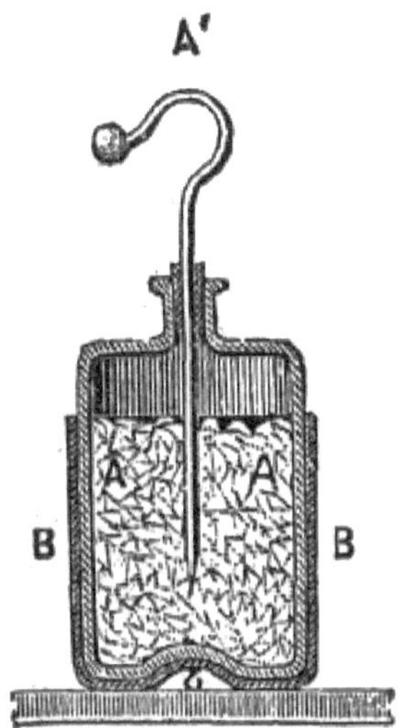

Fig. 142. — Bouteille de Leyde. — A, armature intérieure ; B, armature extérieure.

Bouteille de Leyden : source Wikipédia

L'IMAGINATION CAPTIVE

L'ambition de Mesmer le pousse à séduire, à émerveiller, à impressionner. Armé de son instinct de prédateur, il exerce sa stratégie d'influence en captivant l'imagination. Son baquet est une arme de suggestions massives. Il impressionne tant par sa taille, que par ses vertus supposées, son aspect mystérieux et intrigant et par l'espoir qu'il infuse à ceux qui veulent obtenir des bénéfices de guérison. Le génie se cachait littéralement dans les bouteilles de Leyden qu'il savait mettre en valeur en créant ce qu'on nomme aujourd'hui le « buzz ».

Les stratagèmes de Mesmer s'appuyaient sur un effet de surprise qui impactait immédiatement le sujet. Subjuguées, dans une réaction d'exaltation euphorico-mystique, les « patientes » s'installaient dans une confiance instantanée envers le « traitement ». La musique harmonieuse, mais étrange qui accompagnait ce processus ajoutait au caractère abracadabrant de la douce, mais inquiétante attirance menant à des épisodes de désinvolte et d'abandon sans précédent dans les annales de la cour. En effet, Mesmer a utilisé une autre invention à son profit, un instrument de musique inventé par Benjamin Franklin, l'harmonica de verre. L'effet « WOW » des harmoniques et des vibrations sonores étranges produites par les cônes de verre ingénieusement juxtaposés de cet instrument impressionnait et figeait les auditeurs.

Harmonica de verre

LE PLAN D'AFFAIRE DE MESMER

On peut penser que Mesmer se posa la question : « Pourquoi n'utiliser qu'une seule bouteille ? Pourquoi ne pas en utiliser six ou huit ou dix bouteilles de Leyden ? » Cela permettrait de multiplier les profits tout en réduisant les dépenses ! Faire des séances de groupe permettait de rentabiliser son affaire en appliquant le premier axiome commercial : « le temps c'est de l'argent ». La rentabilité prévisionnelle de l'investissement est ici la somme actualisée du nombre des « chocs » électriques multiplié par le nombre de « malades » prêts à payer le prix fort pour leur « guérison ». Au bilan financier de Mesmer, le ratio du nombre de patients par session déterminait le simple, mais fondamental calcul des profits.

De plus, son calcul ne faisait certainement pas abstraction de l'effet d'entrainement, très étudié en psychologique sociale et très utilisé en hypnose de spectacle. La renommée des sujets et des « malades » de Mesmer joua son rôle. On sait que le libertinage régnait à la cour et que l'aristocratie savait de réjouir des plaisirs de la vie. Mesmer discrètement installé dans les salons frivoles que lui offrait la cour savait tirer profit de cette vague de « libération » des mœurs. La popularité du baquet devint exponentielle. Comme on le sait bien aujourd'hui, l'impact de la publicité de type bouche-à-oreille est de première influence. Cette popularité frénétique a créé une augmentation de la demande, et cela au plus grand bonheur et aux finances de Mesmer. On verra que sa popularité a créé sa force, mais également sa perte. On verra comment Hénin de Cuvillers a su prendre en compte la perdition de Mesmer, sa déroute, sa fuite et surtout, l'abandon de sa suite de croyants, laissés à eux-mêmes devant la désillusion. Pour Hénin de Cuvillers, cette déroute s'expliquait par le mensonge et le caractère manipulateur de Mesmer.

GÉMISSEMENTS ÉLECTRISANTS

Dans un premier temps, les petits chocs électriques au début du traitement impressionnaient surement par leur inexplicable nouveauté et leur aura mystérieuse qui stimulaient l'imagination. Ensuite, l'imagination des sujets se libérait, inspirant une confiance dans le « processus de guérison ». Mais la guérison n'était pas le seul bénéfice recherché. Il faut garder à l'esprit l'atmosphère de libertinage qui régnait alors sur les nobles et protobourgeois qui fréquentaient Versailles.

Certains « clients » ne consultaient pas pour guérir, mais plutôt pour « gémir ». La classe privilégiée fréquentait les salons pour exulter et ils furent le théâtre de maints ébats sexuels. Le baquet de Mesmer a fort probablement fait office de premier « jouet » électrifié de l'histoire. Mesmer avait sciemment dissimulé des bouteilles de Leyden et avait su exploiter cet investissement. L'achat de quelques bouteilles de Leyden lui permit d'engranger des profits monétaires faramineux et d'en retirer une reconnaissance ainsi qu'une renommée sociale à travers toute la cour. Sa popularité connut son apogée au moment où une Commission fut instituée et conclura en sa défaveur, le poussant à retourner en Autriche. Aussi, afin de dissimuler, pour ne pas dire occulter, l'existence même des bouteilles, Mesmer a vraisemblablement cherché à faire disparaitre les preuves. Il aurait fracassé et réduit les bouteilles au point où on ne retrouvait plus dans le baquet que des résidus de limaille de fer, et le verre pilé.

Voici comment, en 1784, Jean Sylvain Bailly, le rapporteur de la Commission royale, décrit le théâtre des opérations de Mesmer après son arrivée sur la « scène de crime » :

« Au milieu d'une grande salle où d'épaisses tentures ne laissent pénétrer qu'un jour fort adouci se trouve une caisse circulaire en bois de chêne : le baquet. Dans l'eau qui remplit à moitié la caisse sont immergés de la limaille de fer, du verre pilé et d'autres menus objets. Le couvercle est percé d'un certain nombre de trous d'où sortent des branches de fer, cordées et mobiles que les malades doivent appliquer sur les points dont ils souffrent. »

Ce témoignage d'époque confirme indirectement que les bouteilles étaient fracassées, mais surtout que l'opération de dissimulation avait fonctionné. On peut également lire dans le descriptif que l'ambiance du salon était très spéciale :

« Dans un coin de la salle, un piano-forte ou un harmonica joue des airs sur des mouvements variés, surtout vers la fin des séances. Les malades se rangent en silence autour du baquet, une corde passée autour de leur corps les unit les uns aux autres. Si quelqu'un demande à boire, on lui sert une limonade au citron dans laquelle est dissoute de la crème de tartre.

Cependant l'influence magnétique se fait sentir. Quelques malades sont calmes et n'éprouvent rien. D'autres toussent, crachent, sentent quelques légères douleurs et ont des sueurs. D'autres sont agités par des convulsions extraordinaires. »

Franz-Anton Mesmer a pris soin de ne pas révéler le mystère de ces décharges électriques à ses « clients ». Au contraire, il a capitalisé sur ce phénomène pour étayer sa thèse frauduleuse sur le magnétisme. Il attribuait la perception de ces chocs électriques au passage d'un fluide magnétique animal. Les sujets de ses expériences croyaient en ces explications et Mesmer gagnait en crédibilité et en richesse.

Nous voyons ci-dessous la reproduction d'un baquet de Mesmer, avec ses tiges de métal que le sujet humain devait tenir avec sa main. Nous pouvons voir comment sa conception a intégré des bouteilles de Leyden, des condensateurs électriques pouvant produire un haut voltage. En elles-mêmes, ces bouteilles n'avaient d'autre usage que d'éveiller la curiosité des foules. Plusieurs amuseurs publics les rentabilisaient en les utilisant pour « choquer » littéralement le public lors de foires. Au cours de la démonstration d'une grande bouteille de Leyden menée à Versailles devant le roi Louis XV, plus de deux cents courtisans, qui se tenaient la main dans un circuit électrique fermé, ressentirent tous les effets d'une violente décharge électrique.

En se réappropriant cette invention après quelques décennies et en la dissimulant soigneusement dans un tonneau en bois, Mesmer pouvait l'utiliser pour maîtriser et impressionner des foules à son profit. Les dupes croyaient avoir droit à la toute dernière technologie médicale.

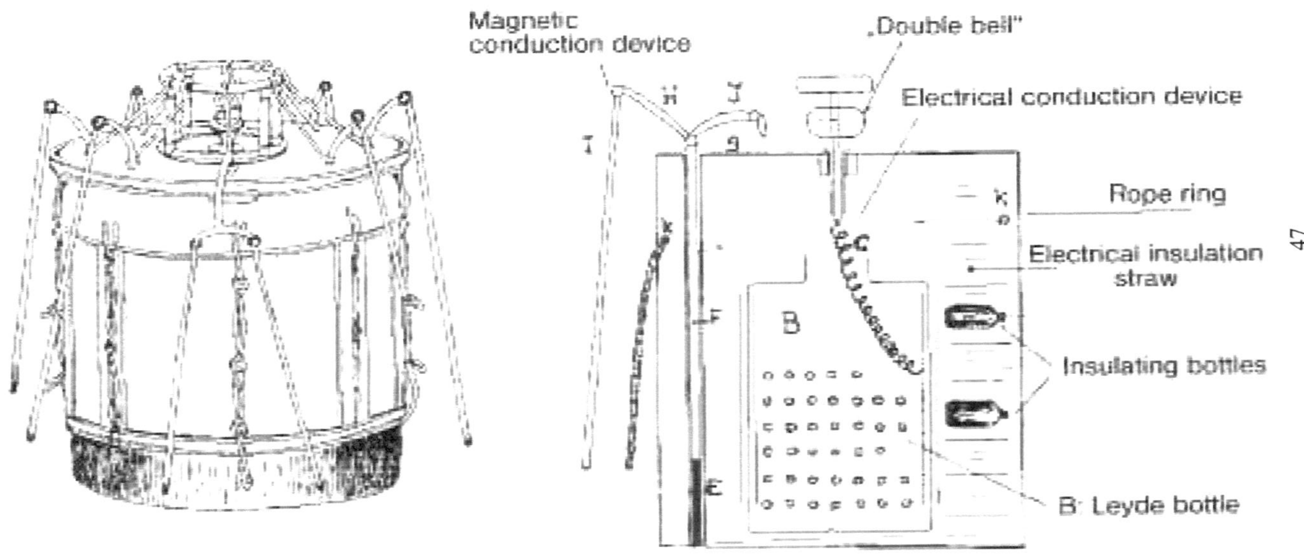
Magnetic
conduction device
„Double bell"
Electrical conduction device
Rope ring
Electrical insulation
straw
Insulating bottles
B: Leyde bottle
B

L'HYPNOSE, UN MINISTÈRE « MORAL »

Contrairement aux « affaires » de Mesmer, le « ministère » d'Hénin de Cuvillers était moral. Il cherchait d'abord à aider les personnes, non pas en leur vendant une aide « médicale », mais en cherchant pour eux les bénéfices de la vérité. Il voulait éliminer les théories frauduleuses et occultes du « fluide animal » et du « magnétisme » en y injectant une valeur d'information basée sur le savoir. Fort des convictions philosophiques et de l'héritage déterministe causal, il conceptualisa les phénomènes observés selon ses vues. Pour lui, la transe hypnotique n'était pas seulement la marque des « somnambules magnétisés » de Mesmer, mais était présente et utilisée depuis l'Antiquité.

Les fondements théoriques de l'imaginationnisme sont simples, mais ils demeurent encore valables et tout aussi pertinents aujourd'hui qu'ils ne l'étaient il y a deux cents ans. Selon Hénin de Cuvillers, l'hypnose ne peut pas ne pas être imaginationniste. Dans l'essentiel, le ministère ou la mission de Cuvillers était de sensibiliser et d'éclairer sur la nature imaginative de toute hypnose et de toute transe.

Il a affiné toutes ses techniques à partir de cette idée simple de la puissance et du pouvoir de l'imaginaire. Nous verrons également comment il a élaboré ses concepts tels que la phantasiexousie, dérivé des termes grecs « phantasia » et « exousia » signifiants imagination et pouvoir. Nous comprendrons comment les hypnothérapeutes d'aujourd'hui cautionnent toujours cette conception qui rejetait la théorie du magnétisme comme une pratique ésotérique et occulte.

Étienne Félix d'Hénin de Cuvillers était un personnage crédible parce qu'il n'affirmait rien sans s'appuyer sur des faits. Il avait une approche concrète et logique. Cette rigueur lui valut des appuis de la part de membres illustres de l'Académie des Sciences de Paris. Il fut nommé Chevalier de la Légion d'honneur et Chevalier de la Croix de Saint-Louis. Il n'avait pas trouvé ces médailles dans un marché aux puces !

Il les portait fièrement, et avec mérite, tout

comme ses titres de baron de l'empire et de maréchal de camp. On peut consulter les états de services militaires et diplomatiques de ce vaillant officier dans une notice biographique reproduite en annexe (Michaud, 1857). Le détail de ses exploits ne laisse aucun doute sur sa valeur de scientifique prolifique, de militaire courageux et d'habile diplomate. Après avoir décrit ses différents titres et nominations, la note biographique souligne ses talents d'écrivain, d'historien et de philosophe. Voici comment se résumait la notice biographique rédigée par Michaud : « Au milieu d'une carrière militaire si remplie, ce capitaine n'a pas négligé l'étude des lettres. Il trouva le temps de manipuler le stylo ainsi que l'épée. »

Cette notice nous permet de constater qu'il s'impliquait dans sa communauté et pour sa communauté, afin de diffuser les connaissances sur l'hypnose et son activation par l'imagination, utilisable en médecine et sur les plans de l'entraide et de l'humanisme en général.

Un passage de cette notice mérite une attention particulière, car il fait allusion à sa contribution à la psychologie et à son explication scientifique des soi-disant phénomènes magnétiques. Dans cet extrait, la notice biographique décrit les livres d'Hénin de Cuvillers sur le magnétisme animal et l'explication imaginationniste qu'il en donne :

« Il existe encore plusieurs ouvrages sur le

magnétisme animal, dans lesquels il attaque le système de Mesmer et combat farouchement les opinions de deux auteurs ayant écrit sur le même sujet, le marquis de Puységur et M. Deleuze, fidèles disciples de Mesmer. M. d'Hénin soutient que le système d'un fluide magnétique animal est erroné, car il lui manque toutes les preuves, et que les partisans de ce système ont toujours été trompés par des illusions. Il ne nie pas la réalité des phénomènes de magnétisme animal, que l'on pourrait appeler le magnétisme de l'imagination, et prétend que de tels phénomènes, qui sont purement naturels, ont presque toujours été défigurés et rendus inexplicables par des passionnés qui les racontent, et que ces phénomènes ont été observés à tous les âges. »

Dans son analyse, Michaud considère que la contribution la plus significative de Cuvillers était d'avoir identifié le plus petit dénominateur commun entre l'hypnose, les rituels religieux, la prière, la créativité ou la méditation :

« Il pense avoir trouvé la trace même dans la plus haute Antiquité et considère les prodiges magnétiques comme un moyen d'expliquer tous les prétendus miracles qui abondent dans l'histoire des religions et de démasquer tous les jongleurs et impostures de la superstition, magie et sorcellerie. Le style de l'auteur mérite des éloges ; ses écrits sont en outre pleins de raisonnement et d'érudition, mais ils ne sont pas à l'abri de la critique. Quoi qu'il en soit, ses adversaires, à qui M. d'Hénin reproche d'avoir donné une fausse direction au magnétisme animal, semblent, du moins jusqu'à présent, avoir abandonné le champ de bataille. » (p. 223)

Dans le contexte historique et social du déclin du magnétisme, Hénin de Cuvillers a présenté un reflet de ce qu'il avait conceptualisé pour la première fois comme « phantasiexousie », du grec « phantasia », signifiant imagination et de « exousia » signifiant pouvoir. Il théorisait sur le pouvoir de l'imagination, mais il a surtout créé des techniques efficaces et encore utilisées de nos jours, à partir de ses théories. Il a créé d'autres termes en 1820, dérivés du grec ancien « enýpnion » signifiant « sommeil accompagné de rêveries ». Cuvillers a créé de nombreux autres néologismes qui n'ont pas tous connu le succès. Il semblait s'amuser à créer tous ces nouveaux mots. On retrouve dans cette aptitude la même capacité à prendre ses distances face à la réalité et s'en dissocier partiellement, pour mieux recadre et « penser en dehors de la boite ». La pratique de l'autohypnose l'a aidé à développer cette aptitude.

De la racine « enýpnion » sont nés les termes comme hypnotisme, hypnologie et hypnoscopie. Hénin de Cuvillers expliqua avec précision les origines étymologiques des termes scientifiques qu'il avait créés pour sa nomenclature. Conscient que ces néologismes n'auraient pas tous l'honneur d'être adoptés par le monde scientifique et médical, il a néanmoins affirmé leur avantage pratique sur le plan conceptuel. Voici comment il les présente à la page 49 de son livre « Le magnétisme animal dans l'Antiquité » : « Dans ce grand nombre de nouveaux termes scientifiques, parmi lesquels il en est plusieurs qui sont susceptibles de devenir également des termes de médecine, on en trouvera de très expressifs et d'une prononciation facile pour exprimer le mot sommeil, pris dans presque toutes ses acceptions. La plupart de ces mots sont entièrement empruntés du grec. Ils existaient donc déjà dans une langue savante et renommée, et il était bien facile de leur donner une terminaison française. »

C'est dans ce même livre que Cuvillers (p. 50) met en évidence la pauvreté de la langue française pour décrire les différents types de sommeils et les différents états de conscience qui les caractérisent. Il sélectionne quelques mots parmi les termes qu'on retrouve dans le grec ancien :

« Je ferai d'abord observer que le mot sommeil s'exprime en grec de plusieurs manières, par "ὕπνος" et de "ἐνύπνιον" (Hypnos et énypnion), et par élision : "ὄνειρος" et "ὄναρ" (oniros et onar). Le mot "ὕπνος » signifie communément le sommeil ordinaire. Cependant, il est employé quelquefois par les auteurs grecs, pour exprimer le sommeil accompagné de songes, et le mot « ἐνύπνιον » a véritablement cette signification. »

SON ADOLESCENCE

Dans son livre « Le magnétisme éclairé », Hénin de Cuvillers mentionne comment, très jeune, il fut initié à certains rites religieux assez impressionnants, que l'on pourrait associer au mouvement sectaire « Janséniste ». Il est inutile d'insister sur l'influence de tels spectacles et de l'impression prégnante qu'ils laissèrent sur le jeune témoin. Dans le passage suivant, il raconte cette initiation :

« Je vais déployer des lettres de créance d'après lesquelles je me suis cru en droit, de me donner mission en ce qui concerne le magnétisme animal. Mon but est de poursuivre l'erreur et de me livrer à la recherche de la vérité. Je n'ai, il est vrai, consulté que mon zèle et non mes moyens. Je me résigne d'avance à être taxé par les deux partis, d'avoir entrepris une tâche au-dessus de mes forces, soit dans l'attaque, soit dans la défense. Quoi qu'il en soit, si je me trompe en repoussant un système qui manque de preuves admissibles, je suis toujours disposé à me soumettre, lorsque des faits incontestables, et des expériences rigoureuses que j'ai provoquées inutilement ne permettront plus de les révoquer en doute.

Les lettres de créance dont je veux parler sont les observations constantes que le hasard m'a pour ainsi dire obligé de faire dans le courant de ma vie sur des phénomènes de psychologie. J'en ai été d'abord témoin jusqu'à satiété dès mon enfance, pendant quinze années environ. Durant cet espace de temps assez long, on m'a conduit presque tous les jours aux séances des Convulsionnaires dits de Saint-Médard, dont les convulsions, qui ont beaucoup d'analogies avec nos somnambules magnétiques, prirent naissance sur le tombeau du célèbre diacre François de Paris. Ce pieu ecclésiastique vécut comme un saint, se livrant sans réserve aux pratiques rigoureuses de la pénitence la plus austère. Des faits, des phénomènes extraordinaires non simulés, pareils à ceux qui se trouvent racontés dans une foule de récitions imprimées, et particulièrement dans l'ouvrage de M. Carré De Montgeron, se sont passés sous mes yeux. Très jeune encore, je fus éclairé par l'ouvrage d'un habile médecin, M. Hecquet, auteur du Naturalisme des convulsions. Je m'étais procuré cet excellent ouvrage sans le consentement des personnes qui présidaient à mon instruction. Mais, hélas ! Ce livre fut livré aux flammes. Je le dis ici sans amertume, car je ne puis m'empêcher de conserver, sous d'autres rapports, un souvenir de respect pour l'auteur de cet autodafé. Je n'en contractai pas moins le goût de lire tout ce qui pouvait avoir rapport aux phénomènes de physiologie et de psychologie. Je mis à contribution, autant qu'il me fut possible, les livres qui traitent ; de la magie, de la sorcellerie, des fascinations, des charmes, des enchantements, des talismans et amulettes, des divinations, des prévisions et de toutes les facultés, occultes dont les hommes peu instruits ne peuvent comprendre le naturalisme, et qu'ils attribuent si facilement à des causes surnaturelles. Lors de la découverte de Mesmer, je fus un des premiers à lire les imprimés qui en rendirent compte au public. Dès cette époque, je fus à portée d'observer des faits de Magnétisme animal, tant en France qu'en pays étranger, la carrière active que j'ai poursuivie m'a empêché pendant plusieurs années de m'en occuper plus particulièrement. Ce n'est qu'en 1813 que mes loisirs me permirent de m'y livrer avec assiduité. J'ai vu pratiquer, et moi-même j'ai mis en pratique, les procédés du Magnétisme. J'ai été témoin d'une infinité de faits magnétiques bien intéressants. J'ai toujours fait partie de la Société du Magnétisme animal à Paris, et j'en suis le Secrétaire depuis quatre années environ. L'institution de cette Société avait pour but de rechercher la nature du Magnétisme, et d'en constater les effets. J'ai parcouru presque tous les livres qui ont été publiés sur cet objet, et j'en possède une grande partie ; j'y ai vu beaucoup d'écrivains envisageant la pratique du Magnétisme sous un faux point de vue, et s'égarer dans les théories vaines d'un système faux. » (p. 56)

> **Note historique :** De notre perspective, nous pouvons qualifier le mouvement des Convulsionnaires de secte prérévolutionnaire. D'ailleurs, ce terme désignait les adeptes de transes mystico-religieuses qui se situaient en marge des préceptes officiels de l'Église. Ils étaient persécutés par l'état et régulièrement arrêtés.

Lors de ces séances, souvent tenues secrètement, le jeune Cuvillers pouvait observer des « malades » atteints de divers maux se mettre à trembler, se tortiller convulsivement et se tordre de tension musculaire. Après l'atteinte d'un « plateau » extatique, ils retombaient inertes sur le sol, dans un état apparent d'épuisement, mais aussi de détente musculaire totale. Certains malades ressortaient « guéris » ou soulagés de ces séances. L'exemple classique est le cas de la jeune Aubigan qui souffrait de « genu varum » depuis sa naissance. Au cours d'une séance, elle s'est donné, sans ressentir de souffrance, de violents coups de bâton sur ses jambes arquées pour les redresser. D'après les témoignages, cette intervention orthopédique « extrême » fut réussie, en état d'hypno analgésie, sans que la jeune Aubigan ne ressente de douleur.

En avouant avoir été témoin de ces rites sectaires dans sa jeunesse, Hénin de Cuvillers sous-entend courageusement son affiliation avec ce type de Jansénisme. Cela lui valait une réputation de pamphlétaire, mais il savait rester prudent afin de se préserver des propos trop acrimonieux ou des jugements à l'emporte-pièce. Encore une fois, tout ce qu'il écrivait était supporté par les faits, sans excès émotif. Il savait rester raisonnable en s'exprimant savamment et avec mesure.

Toutes ses observations, toutes ses lectures firent étincelles dans son esprit. Elles piquèrent son intellect, stimulé dès le plus jeune âge par les études classiques. Il se mit à lire intensément sur les sujets touchant la physiologie et la psychologie. En autodidacte érudit, il devint, au fil des années, un expert respecté de la psychologie et de la physiologie que l'on consultait régulièrement.

La petite Aubigan : « Je frapperai et je guérirai »

MISSION CHEVALERESQUE

Hénin de Cuvillers se donnait pour mission de
rechercher la vérité sur les causes du magnétisme.

On ne peut pas douter de la nature noble et chevaleresque de sa quête, guidée par une passion et motivée par une émotion, mais aussi par son pragmatisme. On peut facilement s'en convaincre en suivant l'élaboration de sa réflexion et en considérant le cadre rationnel et déterministe qui structure son étude.

Hénin de Cuvillers définit la psychologie à partir de son étymologie grecque, venant de psyché, signifiant âme et de logos qu'on traduit par discours, soit le « Discours sur l'âme ». C'est à la lumière de cette science nouvelle qu'il interprète les phénomènes attribués au magnétisme.

Dans « Le magnétisme éclairé », il explique que son but est « de faire connaitre le naturalisme de tous les phénomènes de psychologie. » Il résume sa mission dans un passage inspirant : « désarmer l'abominable intolérance qui aime à s'abreuver de sang humain, éclairer les hommes, les rendre meilleurs et diminuer les maux qui affligent l'humanité. » (p. 61) Ce passage s'inscrit dans un contexte où il assimile foi, croyance religieuse et superstition. Pour remplacer ces pratiques rituelles, il propose la spiritualité rationnelle de l'hypnose.

Reprenons ce passage dans son contexte, où Cuvillers transcrit ses observations comme il le ferait dans le journal de bord d'une expédition d'exploration. Sa mission n'est pas de conquérir les pôles ou de nouvelles terres, mais plutôt de découvrir le dernier continent à explorer, l'esprit humain et surtout, le monde de l'imagination. C'est cette motivation qui le pousse à combattre les superstitions :

« J'ai pensé qu'on pourrait en tirer un meilleur parti, celui de faire connaitre le naturalisme de tous les phénomènes de psychologie ; et loin de créer une nouvelle superstition qui bientôt deviendrait la source intarissable de jongleries magnétiques, on pourrait, au contraire, au moyen de cette pratique, démasquer l'ancienne superstition qui engendra tant de fourberies ; **désarmer l'abominable intolérance, qui aime à s'abreuver de sang humain en commettant des cruautés religieuses** ; éclairer les hommes, les rendre meilleurs et diminuer les maux qui affligent l'humanité. Si j'ai osé écrire sur cette matière, ce n'est pas dans l'intention d'adresser mes écrits aux Savants et aux Médecins : ils n'en ont pas besoin ; mais je les soumets aux magnétiseurs qui, ainsi que moi, ont, pour la plupart, bien peu approfondi les sciences, et ils sont, faute d'instruction, plus exposés que d'autres à se laisser séduire par les illusions de leur imagination, et à s'abandonner à l'enthousiasme que leur inspire la vue de quelques phénomènes devenus incompréhensibles et inexplicables, par des récits exagérés. Je fais une grande distinction entre de tels prodiges et les autres phénomènes non moins étonnants de physiologie et de psychologie, reconnus et avérés par les Philosophes, les Savants, et par les

Médecins les plus habiles. Ces phénomènes, de l'aveu de ceux-ci, dérivent de l'imagination et ne peuvent qu'être soumis aux lois connues de la nature. Penser autrement ce serait s'imposer la nécessité de recourir à des théories vagues, à des systèmes non démontrés qui ne peuvent produire que des erreurs et des absurdités. Je ne puis revenir de ma surprise, lorsque je réfléchis à l'extrême facilité avec laquelle un nombre assez considérable d'hommes qui ont reçu de l'éducation, adoptent, sur le Magnétisme animal, des opinions et un système contesté d'une manière positive par la majorité de ceux qui composent le monde savant. Tôt ou tard de pareilles opinions et les faits dont on les étaye, seront qualifiés d'absurdes si on ne les justifie par des preuves admissibles qui depuis si longtemps, ont été en vain, réclamées. Je conçois que celui qui est ennemi de toute application, adonné à son plaisir, puisse croire des faits merveilleux qu'il ne s'est pas donné la peine de vérifier ; mais il est impossible qu'il ne se rencontre parmi ceux que je viens de désigner, un esprit méditatif, susceptible d'écouter les conseils de la raison et de sentir les conséquences de sa crédulité. »

Hénin de Cuvillers ne cherche donc pas à reproduire ou dupliquer le culte d'un dogme, et c'est en esprit « rationnel et libre » qu'il se voue à l'étude des phénomènes liés à la pratique des magnétiseurs.

Afin de préciser ses intentions, il souligne que ses recherches et explications rationnelles et scientifiques s'adressent surtout à ces magnétiseurs qu'il exhorte à ne pas se laisser séduire par les illusions de leur imagination.

Cet ancien diplomate n'aime pas les conflits et cherche plutôt à rallier ses éventuels opposants. Il y consacre toute sa méthode et tout son savoir-faire diplomatique. Son style de communication, acquis pendant sa carrière d'homme politique, est rigoureux, mais reste attentionné et courtois.

Il ne condamne donc pas les magnétiseurs de l'époque, mais cherche activement à les convertir au rationalisme des sciences nouvelles que sont la psychologie et la physiologie. Après avoir cité Spinoza et Locke, il affirme comme eux le principe de la matière pensante qui crée la conscience. Il répète que c'est le principe de l'imagination consciente qui permet d'affirmer, de choisir, de concevoir et de créer. Il illustre comment les sentiments comme l'amour, l'amitié et la haine illustrent bien l'influence que peut exercer l'imagination sur les humains.

CARRIÈRE MILITAIRE

Hénin de Cuvillers a survécu à une carrière militaire bien remplie. De 1779 à 1815, il fut actif au Régiment de Languedoc-Dragons. Il a gravi les échelons en tant qu'officier, sous-lieutenant, lieutenant, commandant, capitaine, chef d'escadron, chef d'État-major général, puis Maréchal de Camp.

Parallèlement à sa carrière militaire, il fut chargé de mission diplomatique. Il occupa alors des postes et de responsabilités d'envergure. Il fit campagne dans la Grande Armée en Europe, mais également en Amérique, où il fait naufrage à Saint-Domingue et fut fait prisonnier par les Anglais à la Jamaïque, non sans accomplir sa mission de sauver les archives de la colonie.

Durant les guerres napoléoniennes, les combats à cheval demandent un grand courage, mais surtout de grandes habiletés et une excellente coordination de la part du cavalier. Hénin possède toutes ses qualités et on ne peut douter que la maitrise qu'il a pu exercer sur lui-même pendant tous ses faits d'armes était en partie attribuable à sa pratique de l'autorégulation hypnotique. Pendant ses commandements, sa pratique de l'autohypnose l'aida à essuyer la fusillade ennemie sans manquer de courage.

Probablement inspiré par le souvenir de rencontres impressionnantes sur le champ de bataille, il mentionne comment « L'homme doué d'une plus grande force de volonté et d'un plus grand courage en impose à son ennemi par un coup d'œil, par une attitude fière et menaçante. » On pourrait interpréter et lire dans cette citation, une allusion à la technique qu'il nomma l'Abéaston. Pendant les batailles Hénin de Cuvillers fut souvent blessé par balle. Dans ses états de services, on rapporte qu'il subit de coup de feu à la cuisse et au bras. Plusieurs de ses chevaux furent tués sous lui pendant les combats. En mars 1807, à la suite d'une chute de cheval, il se blessa à la clavicule droite et n'est réhabilité qu'après dix mois de grandes souffrances. Pendant toute sa convalescence, Hénin de Cuvillers a également recours à des techniques d'autohypnose. L'état d'hypnose l'aidait à se dissocier pour mieux oublier sa peur pendant la bataille et pour mieux « gérer » les souffrances physiques causées par ses blessures.

Il n'est pas facile de retracer, même dans les grandes lignes, la carrière d'un militaire du 18e siècle. Heureusement, Hénin de Cuvillers écrivait et publiait. Pendant sa vie active de militaire et de diplomate, il rédigeait des rapports, des journaux, des mémoires et des comptes rendus de ses différentes campagnes militaires, de ses explorations, de ses investigations. Certains de ses ouvrages décrivent bien sûr les techniques militaires de l'époque. Il dresse aussi le portrait des systèmes politiques et commerciaux de diverses nations. Par exemple, dans son essai « Mémoire concernant le système de paix et de guerre que les Puissances européennes pratiquent à l'égard des Régences barbaresques », il expose une analyse étudiée des relations d'influence dans l'optique de la dynamique des systèmes sous l'Empire napoléonien. Cet agent de la république était un homme de confiance discret et loyal. On sait que pendant sa carrière militaire, il effectua plusieurs missions diplomatiques, mais, hormis ce que nous pouvons lire dans ses publications, peu de détails nous sont parvenus. Par définition, un agent secret ne divulgue que très rarement ses travaux…

À la fin de ce livre, vous pouvez consulter la notice biographique lue et approuvée par Hénin de Cuvillers lui-même. Cette notice est tirée de la « Biographie des hommes remarquables du département de Seine-et-Oise, depuis le commencement de la monarchie jusqu'à ce jour » par Ernest et Hippolyte Daniel, et résume bien sa carrière et sa contribution avec justesse et détails.

RENCONTRE AVEC
CHARLES LAFONTAINE

Charles Lafontaine était un magnétiseur très en vogue, au 19e siècle. C'est lui qui a initié Braid à l'hypnose lors d'une rencontre à Manchester en 1841.

Ce qu'on ignore, c'est qu'en mars 1814, le jeune Charles Lafontaine, alors âgé de 11 ans, a rencontré Hénin de Cuvillers. (Lafontaine, 1866) Le célèbre magnétiseur témoigne de cette rencontre dans ses mémoires autobiographiques. Il décrit Hénin de Cuvillers, alors colonel des gendarmes d'élite de la garde impériale, comme une figure autoritaire, mais bienveillante :

« À la chute de l'Empire, l'impératrice Marie Louise et le roi de Rome ayant quitté Paris pour se retirer à Blois, sur les bords de la Loire, ils passèrent par Vendôme, et tout petit garçon que j'étais, j'eus l'honneur de leur être présenté.

M. Cuvillers, colonel des gendarmes d'élite de la garde impériale, et qui s'était lié d'une étroite amitié avec mon père lors de leur séjour à tous deux en Italie, escortait les illustres fugitifs. Il profita de cette halte pour courir embrasser son ancien camarade ; c'était l'heure du dîner ; il se mit à table avec nous, causa, raconta tantôt avec enthousiasme, tantôt avec rage, les victoires, les revers de nos armées, et divers traits relatifs à des hommes marquants de l'époque, et qui sont encore gravés dans mon souvenir.

Pendant que toute ma famille écoutait avec la plus grande attention ces récits palpitants, j'avais quitté la table, et, en vrai gamin, je m'étais emparé du grand sabre du colonel qui traînait derrière mes talons, et enterré sous son immense bonnet à poils, qui était presque aussi grand que moi, et que j'avais mis sur ma tête, je vins m'offrir à lui comme soldat pour défendre l'empereur et le roi de Rome.

Il se mit à rire, m'embrassa, et me promit de me faire connaitre le jeune prince.

En effet, le lendemain matin, avant de partir, l'impératrice, qui avait couché à Vendôme, reçut les autorités et les notabilités de la ville, ainsi que quelques dames.

Le colonel présenta mon père à Leurs Majestés comme employé supérieur près de la junte de Toscane, et me prenant par la main, il me présenta particulièrement au roi de Rome, en lui disant :

– "Majesté, voici un jeune conscrit qui s'est présenté hier pour entrer dans vos gendarmes."

Le roi de Rome, charmant enfant alors, sourit et m'offrit sa main, puis nous sortîmes.

L'impératrice ne m'avait pas laissé une impression agréable, mais le roi de Rome m'avait enchanté, et j'ai toujours cônservé le souvenir de son sourire et de sa délicieuse figure. »

Pour Charles Lafontaine cette rencontre était hautement significative. S'il partage ce souvenir dans son autobiographie, c'est qu'il fut fortement marqué de cette rencontre avec Hénin de Cuvillers. Le colonel, ami de son père, l'impressionnât par son aura d'officier, mais aussi par sa gentillesse et sa personnalité avenante. Face à l'état de crise ambiant, Hénin de Cuvillers savait garder son calme, faire preuve de détachement et rester agréable, chaleureux et plein de considération envers les enfants. Il calmait l'enfant en le laissant jouer avec son sabre et son grand chapeau pointu.

Le roi de Rome devait être très stressé par le sentiment ambiant de catastrophe. En lisant la description que fait Lafontaine de cette intervention d'Hénin de Cuvillers, on se laisse facilement convaincre qu'il a surement aidé le fils de Napoléon à mieux supporter cet épisode. Ces quelques moments heureux furent un baume lorsqu'on pense au destin funeste que le sort lui réservait.

Au cours de ses commandements, Hénin de Cuvillers pratiquait une technique semblable à l'autohypnose. Cette technique l'a aidé à affronter les fusillades ennemies sans jamais manquer de courage.

Pendant les guerres napoléoniennes, les combats à cheval nécessitaient de grandes compétences et une excellente coordination de la part du cavalier. Pour y arriver, le cavalier se devait de garder un calme et un sang-froid absolu.

Hénin de Cuvillers possédait toutes ces qualités et il ne fait aucun doute que la maîtrise qu'il a exercée sur lui-même au cours de tous ses exploits était du « rester calme » dans ses écrits. Probablement inspiré par des souvenirs de rencontres impressionnantes sur le champ de bataille, il mentionne comment « l'homme doté d'une plus grande force de volonté et de courage impose à son ennemi un regard, une attitude fière et menaçante ». Voyons dans cette citation une allusion à la technique qu'il nommait Abéaston et que nous décrirons plus loin.

RECHERCHES

En tant que diplomate et ministre chargé d'affaire de France en Italie, en Grèce et en Turquie, il peut visiter les villes et explorer les sites archéologiques qui témoignent des fondements de la civilisation occidentale. Il a également observé très attentivement divers cultes chamaniques à Saint-Domingue. Il mentionne son intérêt envers les rites chamaniques des « sauvages » de la Louisiane. Il pose l'hypothèse que des processus hypnotiques y sont à l'œuvre. Voici un extrait du volume II des Archives du Magnétisme Animal, dans lequel Hénin de Cuvillers introduit la correspondance d'un collaborateur de la revue, le Comte Louis le Pelletier d'Aunay :

« Après avoir publié l'article qui précède, concernant la manière dont les anciens et les modernes faisaient usage du Magnétisme animal, par le toucher, par les frictions et par les insufflations, je crois ne pouvoir mieux faire que de placer ici la lettre qui m'a été adressée par M. le Comte Louis le Peletier d'Aunay, neveu de M. le marquis de Puységur. Cette lettre a pour objet de faire connaitre la manière dont les sauvages de la Louisiane opèrent, de nos jours, des cures remarquables, par le moyen de frictions, qu'on pourrait en quelque sorte appeler magnétiques, d'autant plus que la guérison s'opère sans y employer d'autres remèdes.

Les frictions, il est vrai, sont également en usage dans la médecine ; cependant le fait qui va être raconté, offre des circonstances et des procédés qui semblent avoir rapport avec ceux de nos magnétiseurs. Il serait donc très vraisemblable que les sauvages de la Louisiane ayant pu exercer ce que nous appelons le Magnétisme animal, et sans le savoir : c'est ce dont nos lecteurs pourront juger par eux-mêmes.

On aurait aussi désiré que ce fait eût été accompagné d'observations physiologiques plus détaillées, et surtout garanties par le rapport de différents voyageurs qui auraient été témoins de cures analogues à celle dont il va être fait mention.

Le Baron D'Hénin de Cuvillers,
    Rédacteur des Archives, etc. »

Cet extrait nous illustre bien comment Hénin de

Cuvillers exerçait un véritable « leadership » et cherchait à émuler chez ses lecteurs et chez les rédacteurs et collaborateurs des Archives, un esprit empreint de rigueur et de méthode scientifique. D'emblée, il suggère comment plus de détails auraient permis une meilleure compréhension des phénomènes observés. De plus, il fait appel à d'autres contributions pour obtenir des rapports de différents voyageurs témoins de « cures analogues ». Hénin de Cuvillers cherche à émuler ici le principe de « répétabilité ou de la reproductibilité des résultats », fondement de la recherche scientifique.

La réponse du collaborateur Louis le Pelletier D'Aunay nous est parvenue sous forme de lettre manuscrite publiée dans les Archives :

« Paris, ce 1er mars 1820.

Vous m'avez prié, Monsieur le Baron, de chercher à rassembler tous les faits magnétiques qui seraient à ma connaissance, et de vous en faire part. Cela m'a rappelé un fait moderne des plus remarquables, qui offre une cure par les frictions qu'on peut appeler magnétisme animal. Cette cure a été opérée par les sauvages de la Louisiane. Elle peut aussi prouver que, si le magnétisme n'est pas connu de nom chez eux, il l'est du moins par ses effets.

Voici le fait tel qu'il m'a été raconté par un témoin digne de foi et qui doit nous inspirer de la confiance. Il venait de nous dire, quelques minutes auparavant, que dans ses longs voyages qu'il venait de faire, il n'avait jamais entendu parler du magnétisme animal ni de ses effets, et qu'il n'en avait lui-même aucune connaissance. C'est M ***, neveu d'un receveur d'arrondissement, jeune homme plein d'éducation et d'honneur, revenant de la Louisiane, où il avait été pour affaires de commerce. En conversant avec lui il y a un an environ, il me raconta qu'en voyageant avec des sauvages de la Louisiane avec lesquels il était en commerce d'amitié, un des hommes de la bande fut piqué par un serpent : aussitôt sa jambe s'enfla tellement, qu'il lui fut impossible de marcher. Cette troupe d'Indiens s'arrêta au milieu des bois, et quelques-uns d'entre eux, qui paraissaient instruits des procédés nécessaires pour la guérison de leurs, maladies, s'emparèrent du patient. Ils étendirent d'abord plusieurs peaux de bêtes fraîchement tuées, et ils y placèrent le malade. Deux d'entre eux se mirent à lui faire des frictions du plat de la main, sur la jambe, en commençant par la cuisse et descendant jusqu'au bout du pied ; ils répétèrent cette friction jusqu'à se lasser, tellement qu'ils furent obligés de se coucher sur des tas de feuilles pour se reposer. Deux autres sauvages reprirent le même poste, et commencèrent à faire les mêmes frictions avec la même constance et la même force que les deux premiers. À ces deux seconds succédèrent deux autres encore, qui se conduisirent comme les quatre précédents. De ce traitement il en résulta le désenflement réel de la jambe, au point que le sauvage put se remettre en route et continuer la marche à pied. Il se trouva tellement guéri et fortifié, que, dès le jour suivant, tous les symptômes de son accident avaient totalement disparu.

J'ai l'honneur d'être, etc.,

Le Comte Louis Le Peletier D'Aunay »

Dans cette correspondance, on peut constater les talents de motivateur de Cuvillers. Ses talents lui valent le respect et la reconnaissance de ses collaborateurs. Ils acceptent de partager leurs informations et observations dans le but de faire avancer la connaissance scientifique. Sur la base d'une méthodologie scientifique (crédibilité, transférabilité, fiabilité), il cherche d'abord à établir des faits, puis il construit un système théorique simple, robuste et fiable pour les expliquer. Ce travail assidu mènera Hénin de Cuvillers à publier deux livres majeurs et fondamentaux pour la conceptualisation de l'hypnose.

LES PUBLICATIONS D'HÉNIN DE CUVILLERS SUR L'HYPNOSE

Comme on l'a vu, Hénin de Cuvillers fut éditeur d'une société scientifique ayant pour mission l'étude des phénomènes d'hypnose, les Archives du magnétisme animal. Outre ces milliers de pages colligées à titre d'éditeur, Hénin de Cuvillers a écrit deux ouvrages qu'on peut considérer comme des socles de l'hypnothérapie moderne : « Le magnétisme éclairé » paru en 1820 et « Le magnétisme animal retrouvé dans l'antiquité » paru en 1821.

LE

MAGNÉTISME ÉCLAIRÉ,

ou

INTRODUCTION

AUX ARCHIVES

DU MAGNÉTISME ANIMAL,

Par M. le Baron D'HÉNIN DE CUVILLERS,

Maréchal-de-camp. Chevalier de l'Ordre royal et militaire de Saint-Louis. Officier de l'Ordre royal de la Légion-d'Honneur. Membre non résident de la Société académique des Sciences. De la Société galvanique, Correspondant de l'Athénée et du Lycée des Arts. Associé correspondant de la Société libre des Sciences, Lettres et Arts. Membre Résident et Secrétaire de la Société du Magnétisme animal. } à Paris
Membre de la Société des Sciences et des Arts, à Nantes, etc., etc., etc.

L'ignorance des lois de la Nature
Enfanta les faux miracles.
L'AUTEUR, pag. 8.

LE MAGNÉTISME ÉCLAIRÉ

Dès 1820, il explique l'imaginationnisme dans son livre « Le magnétisme éclairé ». Il décrit en détail l'impact des suggestions et de l'imaginaire sur des sujets qui désirent se mettre en état d'hypnose.

Dans ce premier livre portant spécifiquement sur l'hypnose, Hénin de Cuvillers décrit les deux principaux fondements de l'hypnose, l'immobilité par la technique d'Abéaston et l'influence positive de l'imagination, ce qu'il nomme l'hypnoscopie et qu'on connait aujourd'hui comme la visualisation. Hénin de Cuvillers associait la visualisation hypnoscopique à l'oniroscopie, la visualisation en état de rêve et l'étude des rêves.

Sur la page titre du livre, on peut lire « L'ignorance des lois de la nature enfanta les faux miracles ». Cette épigraphe de l'auteur illustre bien le propos et le titre annonce la portée et l'objet du livre. On comprend qu'on est encore au Siècle des Lumières ! Cuvillers veut éclairer, mettre la lumière sur ce qu'est réellement le magnétisme, en interpréter les témoignages et dresser le tableau des phénomènes extraordinaires et des guérisons étonnantes dont il fut le témoin.

Dès les premières pages de son livre, Hénin de Cuvillers se fait défenseur de l'observation et de la méthode expérimentale. Il fait ses mises en garde et établit ses précautions envers les enthousiastes du magnétisme. Par exemple, en ironisant, il insinue que les magnétiseurs de l'époque seraient dépourvus du « fluide de l'incrédulité ». En terme contemporain, il questionnait ouvertement leur capacité d'analyse critique.

Bien ancré dans l'époque néo-classique, Hénin de Cuvillers ne se gêne pas pour citer un passage de Cicéron tiré du dialogue philosophique « **De divinatione** » : « Quelque phénomène qui se présente à vous, il est de toute nécessité que la cause en soit dans la nature ; quelque étrange qu'il vous paraisse, il ne peut être hors de la nature. Cherchez-en donc la cause et tâchez de la trouver si vous pouvez ; si vous ne la trouvez pas, tenez pour constant qu'elle n'en existe pas moins, parce qu'il ne peut rien se faire sans cause. » (Hénin de Cuvillers É.-F. d., Le magnétisme éclairé, 1820, p. 13)

Il utilise ce passage pour marteler son opposition face aux « magnétiseurs » en leur répétant que c'est l'imagination qui a la faculté de produire des phénomènes de psychologie et de physiologie curative, et non un hypothétique « fluide » sortant de leurs mains. Ce passage de Cicéron est très important pour Cuvillers, car il vient réinstaller la pensée causale dans toute son importance historique. Pour lui, la pérennité de la civilisation et de l'humanisme repose sur le socle de la raison et de la pensée scientifique. Pour ce membre de l'Académie des sciences, l'héritage du déterminisme était sacré et ce lègue ne devait pas être spolié ou oublié. Il était conscient des risques, et du nombre d'intellectuels, de penseurs et de philosophes qui furent sacrifiés, torturés et assassinés pour avoir défendu la pensée logique et causale, la valeur de la connaissance exempte de toute gnose mystique et de toute superstition religieuse. Il voyait bien que les gouvernements de plus en plus autoritaires prenant le pouvoir pour rétablir la monarchie, pouvaient fragiliser ce socle de la raison et du déterminisme. Il savait que l'accès à la pensée critique, scientifique et déterministe, en tant qu'outil de conscience et de liberté, pouvait facilement régresser. Nous avons lu comment Hénin de Cuvillers s'était donné la mission chevaleresque de « combattre l'ignorance ». La menace de l'ignorance l'inquiétait. Encore aujourd'hui, elle inquiète beaucoup de penseurs et de philosophes humanistes. (Chomsky, 2008)

Aux yeux de Cuvillers, l'hérésie du magnétisme était une manifestation éloquente de l'ignorance et de la crédulité des masses. Son analyse du phénomène hypnotique était donc éminemment moderne, car elle se voulait éducative. Le concept doit sa valeur, sa longévité et son utilité à sa rigueur déterministe positiviste. À l'instar de Cuvillers, encore aujourd'hui, les professionnels de la santé qui utilisent les techniques d'hypnose rejettent unanimement les explications mystifiantes et occultes. Comme il le faisait il y a deux cents ans, notre explication de la transe hypnotique se base sur des mécanismes psychophysiologiques et psychologiques avérés.

Dans son livre « Le magnétisme éclairé » Hénin de Cuvillers analyse des entrées au « Dictionnaire des sciences médicales » publié en 1818. Il s'intéresse aux entrées portant sur les pouvoirs de l'imagination et sur les réflexions concernant l'étendue de ces pouvoirs et le moyen de les contrôler pour favoriser la guérison et le mieux-être. Il s'intéresse plus particulièrement aux articles « effets de l'imagination » et « guérison par l'imagination » de Virey (1818).

Il reconnaissait dans ces articles des réflexions rationnelles permettant d'établir les fondements d'une science de l'imaginaire. Il souligne par exemple, le propos d'un article la comparant les effets de l'imagination à ceux des effets physiques de certaines substances psychotropes. Il retenait également et surtout, la pertinence de la science de l'imaginaire en tant que théorie prédictive de relations causales, science explicative du comment et du pourquoi des effets positifs de l'imagination.

Dans son texte, Hénin de Cuvillers décrit l'influence de l'imagination dans son rôle d'amplificateur des perceptions, impliqué dans le phénomène des phobies. Il mentionne comment des humains peuvent « tomber en syncope » à la simple vue d'un crapaud, d'une araignée ou d'une souris. Il qualifie lui-même ces phobies « d'effets d'imagination » qui s'exerce par l'intervention des sens. Cette explication naturelle lui permet d'expliquer simplement la réalité, tout en écartant le recours à une explication mystique et surnaturelle, comme la tromperie d'un « fluide idéal qui sortirait du bout de nos doigts ».

Voici son passage préféré, où il cite l'entrée « Imagination » du Dictionnaire des sciences médicales (Virey, 1818, p. 16) : « S'il est dans notre système intellectuel une puissance admirable par son éclat, son étrange mobilité, son énergie pour disposer de toutes nos facultés, de toutes nos passions, c'est sans contredit l'imagination. Son empire est si étonnant, qu'on l'a vue guérir sur-le-champ des malades aux portes du tombeau, et frapper soudain de mort l'homme le plus furieux. » Et plus loin, il ajoute, toujours en citant le Dictionnaire (Virey, 1818) à propos de l'imagination : « Elle opère, à proprement parler, de vrais miracles ; elle est la reine du système nerveux, tant elle domine toutes les puissances de la sensibilité. Tantôt elle égale la rage et la peste, tantôt elle se montre invulnérable au milieu de ces affreuses maladies ; elle brave la mort même dans les champs de carnage, ou devant les tortures et les bûchers. Par elle, l'homme devient le plus sublime des héros ; il s'exalte, en quelque manière, jusqu'aux cieux ; par elle encore il descend au dernier rang de la nature, avec les créatures les plus abjectes et les plus pusillanimes. Enfin, par la magie de cette merveilleuse enchanteresse, le voilà qui transforme à son gré tout ce qui l'environne ; tantôt il se précipite dans les horreurs formidables des enfers avec Dante, ou remonte à la lumière dans les délicieux jardins d'Armide, et les palais d'Alcine ; tantôt il assiste avec Homère aux conseils des dieux, peint Jupiter armé du foudre ; il s'élance, avec Milton, dans l'immensité de l'empyrée, et entrouvre ces sanctuaires immortels où Jéhovah, sur le trône éblouissant du soleil, imprime le mouvement à tous les astres de l'univers, terrasse les nations et leurs empires fugitifs. Heureux l'homme, s'il ne puisait jamais dans cette féconde source que les trésors de sa munificence ! Mais trop souvent il n'est point le maître de cette faculté ; elle le transporte, l'entraîne d'erreur en erreur, et, triste jouet des écueils de la vie, l'existence de l'hypocondriaque rappelle le supplice éternel de Sisyphe ou de Tantale ; chaque jour ramène de nouvelles folies et de nouvelles douleurs de l'âme ; ainsi le foie de Prométhée croissait sans cesse pour être rongé par les vautours. »

En commentant la justesse de cet article, Hénin de Cuvillers écrit : « Tout magnétiseur accessible à la raison doit s'humilier à la vue de ce magnifique tableau, tracé de main de maître. Oh ! Combien le système d'un fluide miraculeux, et non prouvé, se rapetisse ou plutôt s'anéantit devant la majesté souveraine et incontestable de l'imagination ! »

Pour lui, ce sont donc que par des effets de psychologie et de physiologie dérivant des lois de la nature que peuvent s'opérer des pouvoirs de l'imagination. Pour lui et pour beaucoup de scientifiques « éclairés » de son époque, c'est l'esprit qui planifie, l'imagination qui conduit. Il l'exprime bien ce principe en faisant pour nous l'exégèse de Virgil et de son vers : « *Mens agitat molem, et magno se corpore miscet* ». (L'esprit régit le monde ; il s'y mêle, il l'anime.) Comme Voltaire (Œuvres complètes de Voltaire, p. 97), Hénin de Cuvillers traduisait ce vers par cette idée que l'esprit ou la raison exerce un rôle exécutif, que l'esprit est l'étincelle qui agit sur les muscles. C'est l'idée de l'imagination au service de la volonté qui anime le corps. Il n'y a pas de confusion possible, car pour Hénin ce raisonnement se vérifie par l'expérience. Il n'y a pas d'imagination sans volonté d'imagination. On pourrait ajouter, il n'y a pas de volonté d'imagination sans transe hypnotique pour la prédisposer, la mettre en condition.

LE MAGNÉTISME ANIMAL RETROUVÉ DANS L'ANTIQUITÉ

Dans son deuxième livre portant sur l'hypnose « Le magnétisme animal retrouvé dans l'antiquité », Hénin dresse un tableau historique des pratiques et des rites semblables à l'hypnose, pratiqués depuis l'antiquité dans plusieurs civilisations.

Rappelons ici, comme Hénin lui-même le fait dans ses écrits, que la théorie du « magnétisme animal » fut condamnée par l'Académie des sciences dès 1784. En tant que membre de cette Société Académique des Sciences, Hénin de Cuvillers observa et étudia le phénomène avec rigueur et méthodologie scientifique dès 1814. Il fut le premier à faire l'étude et l'observation scientifique de l'hypnose. Dans ce contexte, il visait à déterminer les causes réelles des phénomènes de guérison ou de transe observés dans plusieurs contextes de « cultes », de « magie » ou dans d'autres cultures ou dans l'histoire. Comme dans les recherches contemporaines, ses recherches et observations se basaient sur le principe de répétabilité et de contrôle des variables. Ainsi, sur la base de ses connaissances en physiologie et en psychologie, il fit de l'étude de l'hypnose, une discipline scientifique.

C'est dans ce livre qu'Hénin introduit ses nombreux néologismes qui formeront le vocabulaire de base de l'hypnose moderne. L'histoire nous apprend que plus tard, après la mort d'Hénin de Cuvillers, ces termes seront repris par Braid. Rappelons que c'est Hénin de Cuvillers qui créa les termes hypnoscope, hypnologie et beaucoup d'autres termes partageant le préfixe « hypno » et la racine « énypnion ». Ces néologismes furent créés dans un cadre ou une structure épistémologique. En effet, l'aspect rationnel des racines grecques soutenait Hénin de Cuvillers dans son effort pour classifier logiquement les avenants et aboutissants, les causes et les effets, du processus hypnotique. Cette structure linéaire aida Hénin dans son élaboration d'une théorie psychologique et physiologique des processus hypnotiques.

Le terme hypnose tire son étymologie du grec ancien « ύπνος» (hýpnos) et de «ἐνύπνιον» (enýpnion) signifiant sommeil accompagné de rêverie, ou encore rêveries pendant la somnolence. Hénin précise que le terme « ἐνύπνιον » (enýpnion) est employé quelquefois par les auteurs grecs pour exprimer le sommeil accompagné de songes. Les néologismes d'Hénin sont donc créés à partir de ce mot racine duquel il dérive le terme d'hypnose.

« Je ferai d'abord observer que le mot sommeil s'exprime en grec de plusieurs manières, par "hypnos" et "énypnion". Les mots "hypnos" et "énypnion" signifient communément le sommeil ordinaire. Cependant, le terme "énypnion" s'emploie quelquefois par les auteurs grecs, pour exprimer le sommeil accompagné de songes, et le mot dérivé "hypnose" a véritablement cette signification. »

L'hypnose se fait fille du sommeil et partageait une affiliation et certaines de ses conditions. Ainsi donc, dans toute sa rigueur scientifique, militaire et diplomatique, Hénin de Cuvillers cherchait à préciser, à différencier les différents états de conscience proche du sommeil. Pour lui, l'hypnose n'était pas le sommeil profond, mais plutôt l'état de rêverie hypnagogique qui précède le sommeil profond.

S'inspirant du dictionnaire de l'Académie

française dans lequel, déjà à l'époque, on trouvait le mot « hypnotique », Hénin de Cuvillers créa une série de termes partageant les mêmes racines grecques « Hýpnos » et « Énypnion » tels que : hypnologie, hypnocritique, hypnopole, hypnocratie, hypnomancie, etc. Il créa les termes hypnoscope et hypnoscopie. Hypnoscope « désignera ceux qui voient pendant le sommeil » (Hénin de Cuvillers É.-F. d., Le magnétisme éclairé, 1820, p. 132) En lisant « Le magnétisme éclairé », on comprend qu'il ne parle pas ici de ce que l'on voit littéralement pendant le vrai sommeil ou pendant le rêve ou encore pendant le rêve lucide, qu'il désigne plutôt par Oniroscopie (p. 134). En fait, lorsqu'il crée le terme « hypnoscope », il aborde l'idée que l'hypnose implique l'imagination, que certains appellent visualisation.

Hénin créa beaucoup d'autres néologismes (on en dénombre 670) à partir de l'étymologie grecque, mais ces mots n'eurent pas tous droit à une entrée au dictionnaire de l'Académie. Cependant les mots créés à partir de la racine « ἐνύπνιον » (énypnion) eurent ce privilège. Je me suis souvent posé la question : « Est-ce qu'il a choisi cette racine (énypnion) parce qu'elle ressemblait phonologiquement à son patronyme « Hénin » ? C'est une autre question à laquelle nous ne pourrons pas répondre.

L'ÉCOLE IMAGINATIONNISTE

Hénin de Cuvillers se désignait comme « hypnotiste imaginationniste » par opposition aux « magnétistes » qui vouaient une foi irrationnelle et aveugle envers un « fluide magnétique ». Une relecture de ses écrits sait nous convaincre de son intarissable véhémence envers l'existence de ce fluide magnétique, de la thèse de Mesmer. Selon lui, les « magnétistes » étaient des charlatans, car ils croyaient à l'existence d'un fluide magnétique universel pouvant contrôler les destinées des êtres vivants.

Hénin de Cuvillers adhérait au principe du libre arbitre humanisme et s'opposait à toute forme d'entrave envers les droits et libertés des personnes.

Rappelons ici que pour Hénin de Cuvillers, la transe hypnotique n'implique pas une capitulation de la volonté, mais plutôt un libre choix d'ouverture à l'imagination. Rappelons également que l'imagination est au cœur du processus hypnotique. Cela signifie que ce n'est pas une croyance inculquée à un croyant manipulé avec un simulacre placebo. C'est pourquoi nous devons considérer Hénin de Cuvillers comme le véritable créateur de l'hypnose moderne.

En tant qu'imaginationniste, il cherchait à se distancer de ces « croyances et supercheries ». Il voulait faire fondre le magnétisme au creuset du rationalisme pour en séparer les corps terreux de la superstition et en recueillir les composantes pures, comme la suggestion et l'imagination. Comme le titre de son ouvrage l'indique, « Le magnétisme éclairé » visait à porter un éclairage de rigueur sur les croyances mystiques enrobant le magnétisme et également de toute une catégorie de « guérisseurs » qui misaient surtout sur l'effet placebo de leurs procédures et rituels. En voulant répandre les lumières de la science, Hénin de Cuvillers s'était donné pour mission de dénoncer les duperies et tromperies de ces charlatans magnétiseurs. Ces derniers cherchaient souvent à faire croire à l'existence de ce fluide magnétique universel dans le but de manipuler et contrôler les personnes crédules pouvant se laisser duper et abuser. Par exemple, des aimants étaient souvent employés. Mesmer faisait même avaler des boules de fer à ses « patients ». À l'aide d'un gros aimant, il accélérait le passage de ces boules à travers le système digestif en affirmant que cela facilitait la digestion. (Ellenberger, 1994)

Un des principaux disciples de Mesmer, le Marquis de Puységur, utilisait son titre aristocratique, dans le but d'appuyer son pouvoir « surhumain » de magnétiseur pour assurer son don et mieux contrôler les individus de basse caste, roturiers de la classe populaire, prolétaire et paysanne. Sur le plan politique, le magnétisme était l'expression de la croyance en la supériorité d'être aristocratique, « marionnettiste » pouvant contrôler les faibles. C'est pourquoi nous croyons que le Marquis de Puységur défendait le magnétisme et qu'il regardait de haut, le petit peuple qui se laissait influencer et contrôler par des croyances aussi irrationnelles que n'importe quelle superstition ou religion.

Voici comment Joseph Deleuze (1846, p. 73), un autre disciple de Mesmer, décrivait ces séances de guérison, pendant lesquelles il magnétisait des arbres pour « aider » une foule de personnes malades souffrant de divers maux physiques et psychologiques :

« Pour magnétiser un arbre, on commence par l'embrasser pendant quelques minutes ; on s'éloigne ensuite, et l'on dirige le fluide vers le sommet et du sommet vers le tronc en suivant la direction des grosses branches. Quand on est arrivé à la réunion des branches, on descend jusqu'à la base du tronc, et l'on finit par magnétiser à l'entour, pour répandre le fluide sur les racines et pour le ramener de l'extrémité des racines jusqu'au pied de l'arbre.

Quand on a fini d'un côté, on fait la même chose en se plaçant du côté opposé. Cette opération, qui est l'affaire d'une demi-heure, doit être répétée quatre ou cinq jours de suite. On attache à l'arbre des cordes pour servir de conducteurs. Les malades qui se rendent autour de l'arbre commencent par le toucher en s'appuyant sur le tronc. Ils s'asseyent ensuite à terre ou sur des sièges ; ils prennent une des cordes suspendues aux branches et s'en entourent. La réunion des malades autour de l'arbre entretient la circulation du fluide. Cependant il est à propos que le magnétiseur vienne de temps en temps renouveler et régulariser l'action. Il lui suffit pour cela de toucher l'arbre pendant quelques moments. Il donne aussi des soins particuliers à ceux qui en ont besoin et si parmi les malades il se trouve quelqu'un qui éprouve des crises, il l'éloigne de l'arbre pour le magnétiser à part. »

Témoins de ces spectacles malheureux, Hénin de Cuvillers voulait faire la lumière sur ces phénomènes en les expliquant par une hypnose fondée sur des principes rationnels. En ce début de 19e siècle, la tendance déterministe visait l'explication des effets par des causes. Les tenants de cette école de pensée partageaient leurs réflexions sur le pouvoir bienfaiteur et curatif de l'imagination positive. Ainsi, l'abbé Faria (Jose Custodio da Faria), le médecin Alexandre Bertrand, le philosophe Maine de Biran et le général François Joseph Noizet partageaient tous cette vision positiviste.

Hénin de Cuvillers souligne qu'il n'est pas seul à juger les incohérences fondamentales des « théories » magnétistes. Dans « Le Magnétisme Éclairé » (p. 191), il cite le chimiste Berthollet qui, en mai 1784, condamnait les théories du magnétisme. Il affirmait que tout de ce qui pouvait être produit par les procédés magnétiques ne pouvait être qu'entièrement attribuable à l'imagination et à certains procédés de conformisme et d'imitation dont on trouve trace dans le monde animal. Voici cette déclaration signée par Berthollet :

« Après avoir fait plus de la moitié du cours de M. Mesmer du mois d'avril 1784 ; après avoir été admis dans les salles des traitements et des crises, où je me suis occupé à faire des observations et des expériences, je déclare n'avoir pas reconnu l'existence de l'agent nommé par M. Mesmer Magnétisme animal ; avoir jugé la doctrine qui nous a été enseignée dans le Cours, démenti par les vérités les mieux établies sur le système du monde et sur l'économie animale, et n'avoir rien aperçu, dans les convulsions, les spasmes, les crises enfin qu'on prétend être produites par les procédés magnétiques (lorsque les accidents avaient de la réalité), qui ne dut être attribué entièrement à l'Imagination, à l'effet mécanique des frictions sur des parties très-nerveuses, et à cette loi reconnue depuis longtemps, qui fait qu'un animal tend à imiter et à se mettre même involontairement dans la même position dans laquelle se trouve un autre animal qu'il voit, loi de laquelle les maladies convulsives dépendent si souvent. Je déclare enfin que je regarde la doctrine du Magnétisme animal, et la pratique à laquelle elle sert de fondement, comme parfaitement chimérique, et je consens qu'on fasse, dès ce moment, de ma déclaration, tel usage qu'on voudra.

Paris, ce 2 mai 1784. Signé Berthollet. »

Hénin de Cuvillers mentionnera d'autres savants illustres de son époque qui n'hésitaient pas à dénoncer les théories chimériques du magnétisme. Tous avaient en commun de placer l'imagination comme source d'explication principale des phénomènes observés. Plus loin, dans un effort louable de ralliement, il cherche à se faire rassembleur. Il exhorte les magnétiseurs de son temps à se « convertir » à sa thèse imaginationniste, à adhérer aux principes déterministes pour admettre l'existence du « pouvoir de l'imagination » :

« On pourrait citer un grand nombre de Savants qui ont également condamné le système du Magnétisme animal, ou plutôt on pourrait citer tous les vrais savants qui se sont prononcés, ou qui se prononceraient, s'ils étaient requis de juger de l'existence d'un fluide auquel on attribue des qualités si extraordinaires, si invraisemblables, et qui depuis plus de 40 ans n'a pu présenter un seul fait admissible en sa faveur.

À des décisions aussi respectables, contre lesquelles il semble qu'il n'y ait rien à alléguer, ne pourrait-on pas encore ajouter les doutes, les indécisions, et, plus encore les regrets d'une infinité de magnétiseurs ? Ceux-ci et ceux-là ne sont pas tous persuadés de la réalité de leur fluide animal, de leur fluide de volonté, qui ne peut, dit-on, s'échapper de la main ou de telle autre partie du corps que ce soit, qu'en vertu d'un acte mental. La plupart ne sont pas éloignés de reconnaître dans la pratique du Magnétisme animal le pouvoir immense de l'Imagination : mais malheureusement quelques-uns d'entre eux se sont compromis en publiant leur adhésion à la doctrine extraordinaire du Magnétisme animal. Il leur faudrait faire un courageux effort bien digne de louanges, pour sacrifier leur amour propre en avouant que des illusions ont pu les tromper. Pourquoi ne pas espérer que les magnétiseurs de bonne foi, qui ont l'esprit juste, et qui aiment la vérité, ne soient capables de cet effort sublime ? Il n'y a plus maintenant aucune gloire à espérer en s'égarant sur les traces de Mesmer, ainsi que je l'ai dit plus haut, page 109. » (Le magnétisme éclairé, p. 191)

En résumé, Hénin de Cuvillers et son groupe se considéraient « imaginationnistes » par opposition aux « magnétistes » qui suivaient les préceptes de Franz Anton Mesmer. Les imaginationnistes ne croyaient pas à l'existence d'un fluide magnétique universel, mais plutôt au pouvoir de l'imagination. Il ne croyait pas que le magnétiseur contrôlait, par son pouvoir de volonté, les gestes, les attitudes, les pensées de la personne « magnétisée ». Il n'y avait pas de magnétiseur et de magnétisé, il y avait deux personnes en relation qui se mettent en rapport sur le plan de l'imagination, dans le but de progresser sur des objectifs thérapeutiques déterminés, ce qu'on désigne souvent comme une « alliance thérapeutique ».

Ainsi, à la page 197, Hénin écrit sur l'importance de « se mettre en rapport » dont on fait une condition nécessaire et préalable à l'hypnose. Il explique que pour se « mettre en rapport », il faut s'inclure dans l'imaginaire de la personne hypnotisé et agir sur son imagination. Cette description correspond au concept contemporain d'alliance thérapeutique qui est un fondement de l'approche hypnothérapeutique et qui se veut une relation de confiance et non de contrôle :

« Les trois fluides, Magnétique Minéral, Électrique et Galvanique, ont obtenu, il est vrai, de tous les savants physiologistes, des certificats incontestables qui en constatent l'existence légitime et réelle : mais ces fluides avaient été prouvés par des expériences, et des faits qui, par leur évidence, ont produit la conviction. Il n'en est pas de même du fluide magnétique animal, qui n'a jamais pu se faire reconnaître, par la seule raison qu'il n'existait pas ; et l'opiniâtreté des magnétistes est telle à cet égard, que, ne pouvant prouver ce fluide par des faits, ils ont été jusqu'à établir en principe qu'on ne devait pas se permettre des expériences pour le démontrer. Pourquoi donc, afin de soutenir ce fluide idéal, fabriquer de faux titres, inventer de faux miracles constamment rejetés avec mépris par les savants, par la raison et par le bon sens ? Que tous les magnétiseurs, que tous les amateurs du Magnétisme animal y fassent attention, ils ne perdent rien à abandonner ce faux système ; les procédés du Magnétisme leur resteront toujours ; toujours ils pourront continuer de les exercer avec succès, en raison de leur habileté et de leur expérience ; toujours ils auront le pouvoir de faire le bien et de soulager l'humanité souffrante au moral comme au physique. Si les magnétiseurs craignent avec raison qu'on ne leur fasse perdre une partie de leur influence morale si nécessaire pour le succès de leurs procédés, en dévoilant aux yeux du public le véritable but de la pratique dite du Magnétisme, qui n'a d'autre objet que de s'emparer de l'imagination de la personne qu'on veut magnétiser, j'en conviendrai bien volontiers ; mais n'en seront-ils pas bien dédommagés par l'inappréciable avantage de ne plus être obligés d'adopter un système et des opinions absurdes ni de contracter en quelque sorte l'obligation de les soutenir par des raisonnements plus absurdes encore ?

Puis, toujours à la page 197, Hénin écrit à propos de l'importance de « se mettre en rapport », ce dont il fait une condition nécessaire pour accéder à l'hypnose. Il explique que pour « se mettre en rapport », il faut s'immiscer dans l'imagination de l'hypnotisé et agir en fonction de son imagination. Cette description correspond au concept contemporain de l'alliance thérapeutique qui est à la base de l'approche hypnothérapeutique et qui est une relation basée sur la confiance et non sur le contrôle :

« Eh ! ne comptez-vous pour rien, dirai-je aux magnétiseurs, de cesser d'être la risée de tous ceux qui composent la bonne société, et même des gens du peuple, pourvu toutefois que vous cessiez aussi de votre côté d'arborer des prétentions aussi ridicules ? Il ne vous convient plus d'être la fable de tout le monde. L'expression, se mettre en rapport, dont vous faites vous-mêmes une condition préalable et absolument nécessaire pour bien magnétiser, n'est-elle pas en contradiction palpable avec votre doctrine ? Cette contradiction est sentie de tous ceux qui y réfléchissent ; elle n'échappe à personne, hormis aux Magnétistes entêtés. Qui oserait-il en effet, soutenir que de se mettre en rapport intime avec quelqu'un n'est pas se mettre en rapport avec l'imagination de cette personne, ni agir sur son imagination ? En considérant le Magnétisme sous un point de vue plus raisonnable, les magnétiseurs sentiront la nécessité d'être en garde contre leur propre imagination, lorsqu'ils observeront les faits et les phénomènes dont ils seront témoins, ou lorsqu'ils les produiront. Nous y gagnerons aussi d'obtenir dorénavant des relations d'autant plus croyables, qu'elles seront moins exagérées. »

POUVOIR DE L'IMAGINATION

Pour Hénin de Cuvillers, l'hypnose ouvrait la porte à une façon plus lucide de vivre, de réfléchir et de parler. En cela, sa thèse rejoignait celle de l'Abbé José Custódio de Faria, qui appartenait aussi à la mouvance imaginationniste. Hénin de Cuvillers respectait et admirait Faria. Il le décrivait comme un « savant » de son époque, un « Bramine » qui avait vécu en Inde, un docteur en théologie et en philosophie, professeur à l'Université de France.

À l'instar du Baron Cuvillers, Faria contestait la réalité du « Fluide magnétique ». Il croyait comme lui au pouvoir des suggestions positives alimentées par l'imagination. Ces suggestions que Maine de Biran définissait en 1820 (p. 270) par « ce qui vient à l'esprit, inspiration, révélation ».

José Custódio de Faria parlait du phénomène hypnotique comme d'un sommeil éveillé ou « lucide » comparable à un état de rêverie. Un traité sur le sujet fut publié posthume et édité par Hénin de Cuvillers en 1819 sous le titre : « De la cause du sommeil lucide ». Cuvillers cite de longs passages du livre de Faria. Il mentionne les voyages de Faria dans les colonies portugaises de l'Inde, ses démêlées avec des autorités Jésuites corrompues, ses évasions ainsi que sa participation dans les batailles de rue de la Révolution française. Ce personnage haut en couleur tenait plus de l'aventurier révolutionnaire que du théologien. Alexandre Dumas s'en est d'ailleurs inspiré dans son Roman « Le Comte de Montecristo ».

Dans un passage du « Magnétisme éclairé » (p.134) Hénin de Cuvillers écrivait à propos de Faria :

« Un fameux magnétiseur, qui depuis peu d'années avait déjà fait schisme dans l'a religion magnétique, a senti également fa nécessité de substituer un nouveau terme à celui de somnambule. Il adopta celui d'Épopte, sans en donner l'étymologie, maïs qui est sans doute tiré du grec, et qui véritablement paraît correspondre à la dénomination que quelques théologiens donnaient à certains prophètes, en les appelant les Voyants : cependant le mot Épopte ma paraît incomplet, puisqu'on n'y trouve rien qui rappelle le mot sommeil. La dénomination de Hypnoscope est donc plus convenable. Ce magnétiseur est feu l'abbé Faria, que j'ai connu. On a imprimé, après sa mort, un premier volume de son ouvrage, intitulé : De la Cause du sommeil lucide. Je me propose d'en rendre compte dans un numéro prochain de nos Archives. J'ai dit plus haut que l'abbé Faria avait fait schisme parmi les magnétiseurs, parce qu'il n'admettait pas les deux principaux articles de foi des magnétistes enthousiastes, à savoir : la nécessité de la volonté pour magnétiser, et la réalité du fluide magnétique. II n'en fallut pas davantage pour qu'il fût traité d'hérétique. »

À la page suivante (p.135), Hénin de Cuvillers souligne que le magnétiseur ne peut imposer sa volonté au « magnétisé » et qu'il n'existe pas de « fluide magnétique » capable de contrôler le « magnétisé » :

« J'ai dit plus haut que l'abbé Faria avait fait schisme parmi les magnétiseurs, parce qu'il n'admettait pas les deux principaux articles de foi des magnétistes enthousiastes, à savoir : la nécessité de la volonté pour magnétiser et la réalité du fluide magnétique. »

Dans ce passage, Hénin souligne comment le magnétiseur ne peut imposer sa volonté sur le magnétisé, qu'il n'existe pas de « fluide magnétique » pouvant contrôler le « magnétisé ». Nous verrons qu'Hénin de Cuvillers ira plus loin que Faria en mettant l'imagination au premier plan des facteurs explicatifs des phénomènes hypnotiques.

Le livre de Faria énonçait les causes du sommeil lucide et évoquait des procédés employés pour provoquer les symptômes, mais il ne proposait pas de théorie pour expliquer la nature de ces divers phénomènes. Pour évoquer la « suggestion », Faria employait les mots comme « la parole », « le commandement », « la direction » ou « l'ordre ». Dans son texte, il a systématiquement éliminé toute référence au magnétisme animal. Au lieu de cela, il a utilisé des concepts tels que concentration, somnambulisme lucide et « épopte ». Mais dans son livre, Faria n'a pas expliqué ces concepts. De plus, nulle part dans le texte, ne pouvons-nous trouver une explication pour le mécanisme de suggestion.

Hénin de Cuvillers n'adoptera pas cette nomenclature, dont il ne saisissait pas l'origine étymologique. Il préfère la dénomination d'hypnoscope et d'hypnologue qui rendaient une meilleure description de la réalité observée des personnes en état d'hypnose. D'après Hénin, ces personnes présentaient une plus grande capacité de concentration et de compréhension, qu'on désignait alors par le terme « entendement » qui pourrait se traduire par la faculté de comprendre. De plus, les personnes en état d'hypnose paraissaient s'adonner plus facilement à la visualisation, qu'il désignait alors par le terme « hypnoscopie ».

Précisons ici que pour Cuvillers, les « hypnologues » étaient ceux qui parlaient lorsqu'en état de transe hypnotique. Les assises de la psychothérapie et de l'hypnothérapie s'appuyaient sur l'aisance des hypnologues à parler de ce qu'ils ressentaient, de leurs perceptions, de leur compréhension, de leur « entendement ».

Dans son livre « Le magnétisme éclairé » (p.198), Hénin décrivait l'hypnologie comme la science ayant pour objet l'art de faire parler les hypnologues, ceux qui parlent tout en étant en état d'hypnose. Il nommera hypnologiste « celui qui est amateur d'hypnologie, ou qui prend plaisir à magnétiser et à faire parler des hypnologues. » À la page suivante (p.199), Hénin de Cuvillers souligne l'importance de faire parler les hypnologues afin de « mettre en action le système nerveux intérieur qui nous a été si bien démontré par un savant physiologiste ». Hénin de Cuvillers considère cette intervention comme un ministère, soulignant le caractère d'honnêteté empreinte de probité de l'hypnologiste qui exerce un rôle-conseil basé sur la confiance. Hénin de Cuvillers faisait ainsi de l'hypnologiste l'ancêtre direct du psychologue qui savait se mettre à l'écoute des pensées et des cognitions de ses patients. Pour Hénin de Cuvillers, le « système nerveux était le siège exclusif de l'instinct » et il ajoute « de ce système émanent les impulsions spontanées, et qu'il veille sans cesse à la conservation de l'individu, même dans le sommeil, dans le délire, dans les maladies. » Selon lui, faire parler et savoir écouter les personnes en état de transe hypnotique sera « salutaires pour la guérison des maladies. »

Dans le prochain chapitre, nous décrirons avec plus de détails la technique d'hypnoscopie, mais nous commencerons par décrire celle utilisée dans les inductions classiques, la technique de l'Abéaston.

DEUX TECHNIQUES FONDAMENTALES DE L'HYPNOSE

À titre de diplomate, Hénin de Cuvillers sillonna l'Europe, l'Afrique et l'Amérique, en s'inspirant des cultes et des rites de l'Antiquité afin de rechercher les techniques universelles utilisées depuis l'aube de l'humanité pour chasser la peur et cultiver le courage, ce qui, dans la terminologie actuelle, nous désignons par gestion du stress et traitement de l'anxiété.

Nous verrons ici deux des principales techniques créées par Hénin de Cuvillers, qui pourraient être considérées comme les « fondements » de l'hypnose clinique et médicale moderne :

- Abéaston
- Hypnoscopie

L'ABÉASTON

VICHENOU
faisant abéaston.

L'Abéaston était probablement la technique
préférée d'Hénin de Cuvillers, parce qu'il y voyait
une constante universelle. Il a beaucoup écrit sur
ses origines et sur ses bienfaits.

De nos jours, il n'y a aucune référence à cette technique qui porte le nom d'une gravure trouvée par Cuvillers dans un livre de Sonnerat (1782), explorateur français des Indes Orientales. Nous savons aujourd'hui qu'« Abéaston » est un exercice spirituel ou « mudrā ». Une mudra est un geste rituel des mains et des doigts, à signification particulière, aussi employé dans la danse traditionnelle indienne. Ce mot utilisé par Sonnerat était probablement une dérivation empruntée à la phonétique latine. Il n'était pas validé dans la culture et la langue d'origine. Les mots utilisés par les explorateurs de l'époque n'étaient pas validés dans la culture et la langue d'origine.

Nous pouvons maintenant trouver le même geste rituel sous un nom légèrement différent en ce qui concerne sa phonétique sanskrite. Cette technique est maintenant largement documentée sous le nom d'Abhaya-mudrā et se retrouve surtout dans les pratiques rituelles brahmaniques.

De nos jours, on ne trouve pas de référence à cet exercice ou au « mudrâ » qu'est « Abéaston ». On retrouve maintenant ce même geste rituel sous une appellation légèrement différente qui respecte plus la phonétique de la langue sanskrite. Elle se retrouve notamment dans les pratiques rituelles brahmaniques qui sont aujourd'hui documentées sous l'appellation « Abhaya-mudrā ».

C'est en effet sous ce terme sanskrit « Abhaya-mudrā » qu'on retrouve la description de cette posture symbolique qui signifie littéralement « absence de peur ». Cette technique traditionnelle de l'hindouisme et du bouddhisme se résume à un geste simple qu'on nomme « mudrā ». Il induit un réconfort et symbolise la dissipation de la peur et la réception de la béatitude. Pour Hénin de Cuvillers, cette mudra induit le réconfort à celui qui le pratique et également, par contagion de l'imagination, par mimétisme, à celui qui l'observe ou le contemple.

Ce geste consiste à placer la main devant soi, paume ouverte et les doigts joints, le bras à la verticale. Selon Hénin de Cuvillers, cette technique peut induire le confort et même aider à gérer la douleur.

Comme la statue religieuse le représente implicitement, le rituel consiste à rester immobile dans cette position, jusqu'à la réception du bonheur.

Pour Hénin de Cuvillers, « faire Abéaston » c'est l'équivalent de faire la « béatitude », d'entrer en état de transe hypnotique. En autohypnose, on fixait alors son attention sur sa propre main, en hypnose on fixait son attention sur la main de l'opérateur, de l'initiateur de la transe.

Cette induction hypnotique implique un état d'hypovigilance et de « rêveries ». L'immobilité impliquait une inhibition musculaire ; les yeux sont fermés, le cycle respiratoire approfondi, avec une expiration plus profonde. Selon les Archives de Cuvillers (vol. 8, p. 27) : « On faisait Abéaston avec dignité, avec recueillement, et d'un air majestueux, à la manière des prêtres Bramines dans les Indes, et des prêtres égyptiens dans les temples d'Isis, d'Osiris et de Sérapis. » Il a également noté dans le troisième volume des Archives du magnétisme animal (1822, p. 111) :

« Le geste dont je veux parler signifie faire Abéaston, suivant les prêtres indiens, c'est-à-dire, présenter la main ouverte en faisant un signe de protection, comme pour dire ne craignez rien, ayez confiance ; On doit donc être bien convaincu maintenant que le principal geste de la main, adopté par les magnétiseurs modernes pour magnétiser, n'est autre chose que l'Abéaston des

Indiens ; de manière qu'en prononçant le mot magnétiser, c'est comme si on disait faire Abéaston. Ce geste, nommé Abéaston, se rencontre dans un grand nombre d'idoles des temples des Indiens, ainsi qu'on peut le remarquer dans l'ouvrage de M. Sonnerat. »

Hénin de Cuvillers puise donc sa connaissance de l'Abéaston d'une lecture faite durant son adolescence.

On sait aujourd'hui que l'Abéaston est une mudrā, c'est-à-dire un exercice rituel, mais surtout une position symbolique et codifiée de l'iconographie védique aux origines anciennes. Ce qu'Hénin de Cuvillers a découvert est beaucoup plus qu'un simple rituel culturel ; il a élucidé pour nous les fondements d'une pratique ancienne qui trouve ses racines dans la physiologie et la psychologie de l'homme. Et il a constaté que la trace de cette pratique remonte jusqu'à des temps immémoriaux. Les illustrations et représentations sculpturales de ce rite postural sont assez courantes. Hénin de Cuvillers a même retracé ce geste dans le rituel chrétien. Selon lui, Jésus a probablement utilisé la technique de la main ouverte comme main votive. Il a illustré cela à l'aide de la gravure ancienne, représentant la liturgie de Jésus et du lépreux, où il est vu tenant une main ouverte devant un lépreux pour le guérir miraculeusement. Outre ce culte de la main votive datant de l'antiquité grecque, Cuvillers a également retrouvé la trace des pratiques religieuses de l'Égypte ancienne qui utilisaient la main votive. « On étend la main avec dignité, avec contemplation et avec un air majestueux, comme les prêtres brahmanes en Inde et les prêtres égyptiens dans les temples d'Isis, d'Osiris et de Serapis. »

Hénin de Cuvillers a souligné la force d'évocation symbolisée par la main et a donné comme exemple son utilisation dans le système militaire, au moment du salut. Il explique comment, dans de nombreuses civilisations et cultures, ce geste de la main exalte les forces et les énergies de protection. Ce geste de défense est universellement reconnu comme un signal d'arrêt qui chercherait à repousser le mal.

Cuvillers évoque la pratique Indoue, pour expliquer que « Vichenou », dans ses multiples incarnations, faisait ce geste sous forme de conjuration ou d'invocation : « Les mains des deux premiers bras de droite et de gauche ont les trois premiers doigts élevés, et les deux derniers pliés. On sait que ce geste de la main a été adopté par différentes religions, ainsi que par celle des chrétiens, pour donner la bénédiction et pour exorciser. »

Puis il donne des précisions sur le geste d'Abéaston, debout ou assise, bras plié au coude, avant-bras perpendiculaire au sol, main ouverte vers l'avant « en signe de protection ». La main serait portée vers l'avant, comme pour contrer une agression, ou encore pour freiner, immobiliser, apaiser ou calmer.

Ce geste évoque l'immobilité, la protection et l'absence de peur. Par cette immobilité, la personne prend graduellement confiance et elle entre progressivement, dans un état de transe hypnotique. À chaque seconde qui passe, la personne s'installe dans son confort, et s'apaise de plus en plus profondément. Pour Hénin de Cuvillers, il n'est nul besoin d'invoquer un « fluide magnétique », ou une puissance divine, pour expliquer la transe. Il voit une explication dans un processus physiologique, qu'il observe dans la nature, chez les prédateurs tapis dans l'ombre, calme et immobile, mais aussi chez les proies également immobiles, à l'écoute de tout signal de dangers. Il observe dans la nature le calme de l'immobilité qui induit, tant chez les prédateurs que chez la proie, un calme qui contribue certainement à augmenter les chances de survie et viendra avantager la programmation génétique sur le plan de l'évolution.

L'ABÉASTON À TRAVERS L'HISTOIRE ET LES CULTURES

Hénin de Cuvillers mentionne souvent Jésus dans ses écrits. Dans le tome 3 des Archives, il publie une gravure représentant Jésus guérissant un lépreux. On y voit Jésus présentant le bras droit en posture équilibrée, perpendiculaire au sol. Il interprète la gravure en décrivant Jésus : « guérissant le lépreux en lui présentant la main de la même manière dont les prêtres font usage pour donner la bénédiction et exercer les fonctions de leur ministère. » (1821, p. 100)

Un détail remarquable, c'est qu'il avait retrouvé, dans ses recherches, cette gravure placée *infolio* dans un ouvrage de médecine portant sur l'art de guérir par des moyens naturels. Cet ouvrage fut écrit par Galien, un médecin célèbre de l'antiquité qui exerça la médecine à Rome où il soigna plusieurs empereurs. À ses yeux, il lui semblait que cette figure, ainsi placée, favorisait l'opinion que les prodiges de guérisons n'étaient pas tous d'ordre surnaturel, mais restaient, pour beaucoup, d'ordre naturel. Il partage en cela le sentiment de quelques auteurs imaginationnistes de son époque. Pour Hénin de Cuvillers, il apparaissait évident que les guérisons n'étaient pas miraculeuses, mais s'opéraient par un procédé hypnotique. Plus précisément, il s'agirait, dans ces cas particuliers où on tient une main ouverte devant soi, de l'application de l'Abéaston.

Hénin de Cuvillers va aussi décrire le processus appelé « indigitation », un geste de la main qu'il retrouve dans l'Égypte ancienne et qu'il compare à la gestuelle qu'il nommait Abéaston. Les indigitations, plus connues sous leur nom latin « ***indigitamenta*** » étaient des invocations ou des incantations basées sur les gestes de la main. Dans son interprétation d'une planche, le « Tableau d'Isis », il décrit un cérémonial de vivification où un geste de la main rappelle au malade la course des astres, le Soleil et la Lune et de la nature entière.

Ces gestes annoncent métaphoriquement aux malades le retour de la vie au printemps et à l'été, comme une résurrection de la mort, symbolisée par l'automne et l'hiver. Il souligne le caractère « oniroscopique » de ce rituel insufflant des « espérances de retour » dans lequel le malade peut fonder des espoirs de guérison et entamer un processus de rétablissement de sa santé.

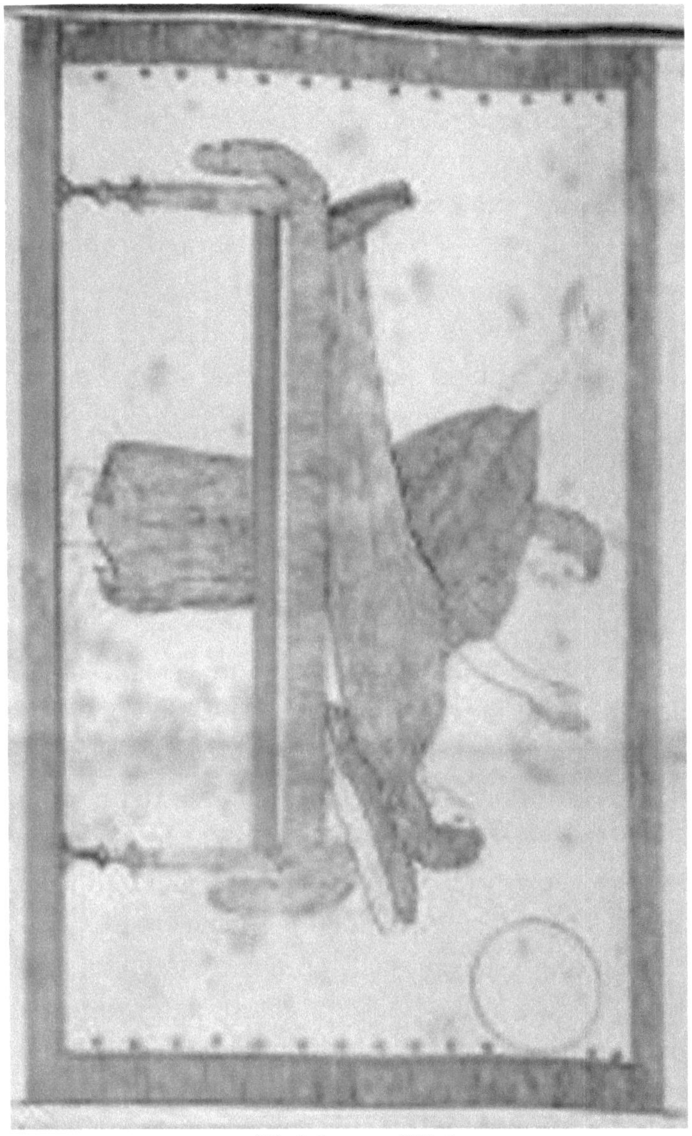

Tableau d'Isis

Voici une description que nous donne Hénin de Cuvillers dans le Tome 3 des Archives. (1822, p. 150)

« Une jeune personne qui ressemble plus à une femme qu'à un homme est étendue sur le lit de douleur, sa tête est soulevée par une espèce d'oreiller ; une autre personne qui paraît jeune aussi est derrière dans le travers du lit, avec une robe brune, assez ample, les mains étendues sur la malade. Au haut du tableau, du côté droit, est un globe rond qui désigne la lune ou le soleil, c'est-à-dire Isis ou Osiris, divinités qui présidaient aux guérisons.

On reconnaît d'abord que la personne malade n'est pas Osiris, ou le soleil, puisque, suivant Caylus, le soleil même est représenté sous la forme d'un globe, auquel, selon lui, la jeune personne qui fait les fonctions de médecin s'adresse pour en obtenir du secours ; mais ses bras étendus ne sont pas le geste d'une personne qui implore du secours. C'est plutôt le geste de quelqu'un qui étend ses bras sur le corps d'une personne malade. Ce geste qui, s'il était seul, pourrait laisser quelque doute sur la nature de l'action est déterminé par tous les autres tableaux du même genre, où l'action magnétique est bien caractérisée.

Nous n'invoquons la gravure du savant antiquaire de Caylus que pour faire disparaitre de plus en plus la supposition que la personne malade fut un personnage mythologique.

Cette gravure est tirée d'un beau vase étrusque mentionné au tome Ier, page 96, et gravé sur la planche XXXII de l'ouvrage intitulé, Recueil d'Antiquités égyptiennes, étrusques, grecques, romaines et gauloises, par M. le comte de Caylus.

La figure du malade ne représente donc plus Osiris, Isis, ou aucun astre d'astronomie. Elle ne représente qu'une personne affectée de maladie ; et quand on a dit que ce malade était magnétisé, l'aspect des autres tableaux cités, et même celui de Caylus, ne laisse aucun doute à cet égard. »

ABÉASTON : UNE TECHNIQUE DE L'IMMOBILITÉ

Cette technique d'hypnose mentionnée par Hénin de Cuvillers emprunte au calme immuable de milliers de sujets observés pendant des séances de « magnétisme ». Il s'inspire aussi de l'observation, en contexte naturel, du calme des prédateurs immobiles lorsqu'à l'affut, comme son chien de chasse épagneul lorsqu'il « pointait » le gibier (Hénin de Cuvillers É.-F. d., 1820, p. 169) : « Je dois encore dire à sa louange qu'il éventait le gibier à de très grandes distances. Souvent il tombait en arrêt avec immobilité. Alors j'avançais dans la direction indiquée, et souvent ce n'était qu'au bout de trente ou quarante pas que je faisais lever le lièvre qui était au gîte, et dont le chien, ainsi que je l'ai bien remarqué, ne pouvait avoir connaissance que par le sens de l'odorat, et non par celui de la vue. » Il observa aussi l'immobilité des proies qui, dans la nature, comptaient sur leur camouflage pour éviter d'être détectées.

Dans ce même livre (p. 69), Hénin de Cuvillers illustre par de multiples exemples l'impact que peut avoir l'imagination et explique comment les sensations, ses « émanations » de nos sens, produisent des sentiments et comment l'imagination peut émaner de cette infusion :

« En effet, ce qui parle aux sens et remue l'imagination, tel que le bruit, les émanations et tous les objets qui se présentent à notre vue produisent des sensations sur les corps vivants. Les sortilèges sont les rêves d'un esprit blessé, et la magie ouvre un champ libre aux écarts de l'imagination. L'attirail de cette magie consiste dans les charmes, les enchantements, les talismans et les amulettes. Je placerai dans la même catégorie les arbres, les baquets, et l'eau, magnétisés, et tous les autres objets, comme anneaux, mouchoirs, billets de papier blanc ou écrit, etc., auxquels des somnambules ou des magnétiseurs prétendent, au moyen de certains gestes de la main, infuser une vertu particulière, un fluide enfin qu'ils appellent magnétique, qui émane de leur propre corps, et qui est susceptible de se modifier suivant la volonté. Cette modification à volonté est véritablement un nouveau miracle. Les magnétiseurs en sont prodigues comme on voit. Ils paraissent ne pas en sentir les conséquences. Il en est de même des reliques de personnages non canonisés. Les autres causes qui agissent sur nos sens et qui ont produit tant d'illusions dans l'imagination des partisans de l'aimant animal, sont la sympathie et l'antipathie, qui, si souvent, produisent des effets subits et surprenants entre deux êtres qui se voient pour la première fois. L'amour, l'amitié et la haine en sont l'expression. C'est dans ces deux sentiments, la sympathie et l'antipathie, que se trouve le principe du bien et du mal qu'un corps vivant peut produire sur un autre corps vivant, par la seule influence réciproque que le pouvoir de l'imagination met en jeu entre les êtres animés. L'homme doué d'une plus grande force de volonté et d'un plus grand courage, en impose à son ennemi par un coup d'œil, par une attitude fière et menaçante, et sa présence seule semble enchaîner toutes les facultés de son adversaire. Les animaux carnassiers commandés par un véhément appétit, arrêtent leur proie et la frappent de terreur par un regard fixe. La perdrix ne peut plus s'envoler, le lièvre perd l'usage de ses jambes, et le crapaud agité de mouvements convulsifs par la vue d'un reptile et arrive, comme malgré lui, jusque dans la gueule du serpent qui, immobile, mais l'œil étincelant, l'attend pour le dévorer. Le crapaud lui-même, à son tour, par un regard affreux, fait tomber l'homme en syncope. J'ai connu dans la Suisse, en 1811, un prêtre à qui cela est arrivé. Un médecin du pays m'a certifié le fait ; il l'a fait imprimer dans un ouvrage dont il m'a fait présent et que je possède. Que d'exemples encore de personnes nerveuses et délicates, qui tombent en crise, ou se trouvent mal à la vue d'une araignée, d'une souris, etc., etc. ! »

Hénin de Cuvillers mentionne que les états physiologiques comme l'immobilité, la relaxation et l'inhibition observées dans la nature pouvaient conduire à une transe hypnotique. Il évoquait cette technique de l'immobilité en créant le terme « hypnobare » décrivant le sentiment d'apaisement dû à la sensation de lourdeur, d'assoupissement léthargique qui inhibait les hypnotisés dans une immobilité réconfortante leur permettant de se plonger dans une profonde transe (Archives, Vol 3, P. 44) : « Il vaudrait mieux, lorsqu'on veut parler d'un sommeil profond, d'un assoupissement accablant, se servir des mots hypnobare, onirobare, onirobarie, etc., qui dérivent des mots grecs "baptâ, bapès, bapus, baptia, bares, baros, baris, etc." qui signifient également, écrasant, pesant, lourdeur, profondeur, etc. » Le terme hypnobare évoque donc la pression de la transe submersive, la transe océanique profonde.

Il décrit bien la sensation d'accablement et de pesanteur qui inhibait les personnes hypnotisées dans une immobilité réconfortante leur permettant de plonger dans une transe profonde.

Le Loup et l'agneau illustration de Gustave Doré

Dans son livre, Hénin de Cuvillers décrit comment les prédateurs utilisent l'immobilité, mais aussi la fixité du regard pour imposer un ascendant sur leur proie : « C'est alors que l'animal féroce, instruit par son instinct, frappe de terreur et rend immobile, par un regard foudroyant, et à des distances plus ou moins grandes, la proie vivante qu'il a fixée, et qui, à l'instant, perdant pour ainsi dire toutes ses facultés, se soumet sans résistance à son vainqueur et lui sert de pâture. » (Hénin de Cuvillers É.-F. d., 1820, p. 73)

Pendant une bonne partie de cet ouvrage, il explique comment cette technique puissante est employée par les magnétiseurs. Il décrit comment des « passes », main ouverte, devant le visage et le corps, sont efficaces pour immobiliser le sujet ou pour renforcer cette immobilité.

L'immobilité de l'Abéaston apaise, mais elle peut également figer ou paralyser une proie. Cuvillers dénonce les abus de séances de magnétismes. Les passes et les attouchements de magnétiseurs qui « envoutent » dans une mise en rapport physique.

Pour lui, il s'agit de subterfuge de séduction inutile, ayant pour but de subjuguer, de déstabiliser et créer un effet spectaculaire. Il décrit avec assez de précision et un bon sens d'observation, comment les magnétiseurs abusent de la crédulité de ceux qui leur portent foi en leur faisant croire qu'il les contrôle et qu'il perde leur libre arbitre. Il décrit, comment, à partir de faux principes, les magnétiseurs, les mentalistes et autres illusionnistes de foire peuvent séduire la foule. « Un magnétiseur, par exemple, avec une attitude imposante, la figure animée, le regard fixe, étend avec assurance la main vers un être malade, dont l'esprit est affaibli par les souffrances ; et après s'être emparé de son imagination, il lui fait éprouver des crises et l'endort profondément. » (Hénin de Cuvillers É.-F. d., 1820, p. 97)

Il illustre bien la méthode du charlatan, encore utilisée de nos jours par certaines vedettes de spectacles télévisés ou présentés en salle, pour faire croire qu'il possède un pouvoir spécial et qu'il peut contrôler le sujet « magnétisé ». Le talent du charlatan vient de ce qu'il peut faire exclamer au miracle, en devinant simplement des demi-vérités, accessibles à toute personne ayant une expérience des contraintes usuelles de la vie.

En fait, doit-on souligner ici que l'exclamation en question a lieu surtout si le phénomène concerne une personne absente et éloignée à des distances plus ou moins grandes, même au-delà des mers ? Certains magnétiseurs « Spirites » ont même poussé l'abus, jusqu'à faire croire à leur client qu'ils pouvaient entretenir des conversations avec les morts.

Hénin de Cuvillers mentionne aussi les abus de type « sexuels » lorsqu'il mentionne les passes et les attouchements entre personnes de sexe différents. Il l'illustre dans un passage où il décrit une jeune femme qui voit pour la première fois un magnétiseur, dans une mise en rapport physique, qu'il a observé :

« Le magnétiseur se plaçait en face de la demoiselle, plaçait son pied contre le pied, le genou contre le genou, la main contre la main, la fixait de ses yeux globuleux. D'un air grave et concentré, il posait quelques questions, entrecoupées de silences, des passes, des attouchements. » (1820, p. 100). Hénin de Cuvillers se demandait avec justesse, si de tels procédés n'étaient pas enclins à produire, naturellement, de vives impressions sur l'imagination !

Un peu plus loin, toujours dans son livre « Le magnétisme éclairé » (p. 126), il parle de l'effet placebo de certaines drogues d'origine animale ou végétale en les nommant « vertus supposées ». Ces drogues étaient utilisées par les « somnambules » termes qu'Hénin de Cuvillers et ses contemporains employaient pour désigner les magnétiseurs et guérisseurs. Il affirme alors que c'est encore par l'imagination que ces drogues, souvent insignifiantes en elle-même, acquièrent des vertus médicinales :

« On ne fait pas d'ailleurs assez d'attention que le plus grand nombre des drogues prescrites par les somnambules ont peu de vertus positives et beaucoup de vertus supposées. C'est le plus souvent l'imagination qui, par son pouvoir immense, imprime à ces mêmes drogues, insignifiantes par elles-mêmes, une propriété de commande, et toutes les vertus enfin que le somnambule et le malade leur attribuent. On explique, par ce moyen, la variété extraordinaire des prescriptions et ordonnances des somnambules pour les mêmes maladies. Il est vrai que la différence des tempéraments pourrait justifier cette variété dans le traitement. Par ce moyen, les vrais croyants trouvent des réponses à toutes les objections. Quoi qu'il en soit, presque toutes les relations de cures magnétiques offrent des circonstances assurément invraisemblables. Le merveilleux s'y glisse à chaque page. Il n'est guère de somnambules qui n'y soient représentés comme plus ou moins doués de facultés miraculeuses, et principalement de voir, pour ainsi dire matériellement et sans changer de place, des évènements réels, effectifs, qui se passent à des distances très éloignées, et en rendre compte, comme si le Somnambule en eût été témoin oculaire. Ce que je viens d'exprimer, les magnétistes le prétendent en général et plusieurs l'attestent et disent l'avoir vérifié positivement. On ne me dira pas que ce sont de fausses allégations de ma part : pour s'en convaincre, on peut lire toutes les relations imprimées ou manuscrites qui contiennent des faits de Magnétisme animal. En vain m'objecterait-on que je n'ai pas bien connu les procédés du Magnétisme, que je ne les ai pas mis en pratique, que je n'ai point vu de faits remarquables, ou que je les ai mal observés ; je ne m'en laisserai pas imposer par de pareilles dénégations. J'ai lu ou parcouru presque tous les livres qui traitent du Magnétisme ; j'ai vécu parmi les magnétiseurs ; je les ai vus magnétiser, et j'ai magnétisé avec eux. J'ai comprimé mon incrédulité pour mieux les laisser raisonner, et plus souvent déraisonner et pousser leurs prétentions jusqu'à l'extrême. »

Encore ici, Hénin de Cuvillers (p. 128) conclut par un plaidoyer dénonçant les actes répréhensibles et la malhonnêteté des magnétiseurs de son temps :

« Souvent j'ai entendu raconter les mêmes faits qui s'étaient passés sous mes yeux : ils me paraissaient méconnaissables, tant ils étaient défigurés par l'enthousiasme et l'exagération de ceux qui en avaient été témoins, ou qui les avaient eux-mêmes produits. Personne mieux que moi ne pourrait déjouer le système hypothétique d'un fluide magnétique que l'on suppose sortir, dans un degré plus ou moins éminent, du bout des doigts de tous les hommes en général, comme les magnétistes l'assurent. Personne plus que moi n'en pourrait démontrer l'absurdité... »

L'HYPNOSCOPIE

La procédure « imaginationniste » d'hypnoscopie avait pour objet la visualisation. Toujours selon Hénin de Cuvillers, elle obéissait aux lois de physiologie et de psychologie connue de l'époque sous le terme d'imagination et de suggestion, et avait également des visées thérapeutiques. Cette visualisation permettait à une personne de recourir à la visualisation pour mieux « considérer » des solutions aux problèmes. L'hypnoscopie s'offre en alternative plus convenable à la dénomination de « voyant », car elle s'inscrit dans un cadre théorique rationnel.

Dans le prochain chapitre, nous décrirons avec plus de détails cette technique d'hypnoscopie, mais nous commencerons par décrire celle utilisée dans les inductions classiques, la technique de l'Abéaston.

Comme on l'a vu, Hénin de Cuvillers a décrit une technique de visualisation basée sur la transe hypnotique qu'il appelait « hypnoscopie ». En lisant « Le magnétisme éclairé », on comprendra qu'il ne parle pas ici de ce que l'on voit pendant le rêve ou de rêve lucide, ce qu'il désigne plutôt par Oniroscopie (p. 134). En fait, lorsqu'il crée le terme « hypnoscopie », il précise l'idée que l'hypnose implique l'imagination, et que c'est par l'exercice conscient et volontaire de l'imagination sous hypnose qu'on peut faire de l'hypnoscopie, ce qu'on désignerait aujourd'hui par le terme de « visualisation ».

En fait, on pourrait aussi dire visualisation sous hypnose, mais le terme « hypnoscopie » reste encore plus intéressant ! Pour lui, le « sommeil » lucide engendré par l'hypnose augmente la capacité de voir, de rêver en éveil de visualiser, pour mieux considérer.[1] Sans quitter l'état d'hypnose, la personne pouvait parler, répondre, voir des personnes présentes ou absentes, leur parler. Sans quitter son siège, la personne pratiquant l'hypnoscopie pouvait se transporter en imagination pour voir des lieux éloignés, imaginer des circonstances, voir le présent, le passé ou l'avenir.

En conclusion (p. 134), il explique la logique à l'origine de ses néologismes :

« La dénomination de Somnambule, dont le terme scientifique qui lui correspond est hypnobate, ne devrait être employée que pour désigner, ceux qui marchent en dormant sans s'éveiller, et ne convient nullement pour exprimer une personne endormie par les procédés du Magnétisme, qui, sans quitter le siège où elle est assise, parle, répond, voit la maladie des personnes présentes ou absentes, et transporte son imagination à des distances plus ou moins

---

[1] Dont l'étymologie signifie « contemplation des astres »

éloignées. C'est ce que prétendent les magnétiseurs, en ajoutant que, dans certaines circonstances, leurs somnambules voient le présent, le passé et l'avenir. Pour désigner ceux-ci, il faudrait un terme dont l'acception fût plus générale. Voulant remplir ce but, je propose le mot Hypnoscope, qui désignera ceux qui voient pendant le sommeil. »

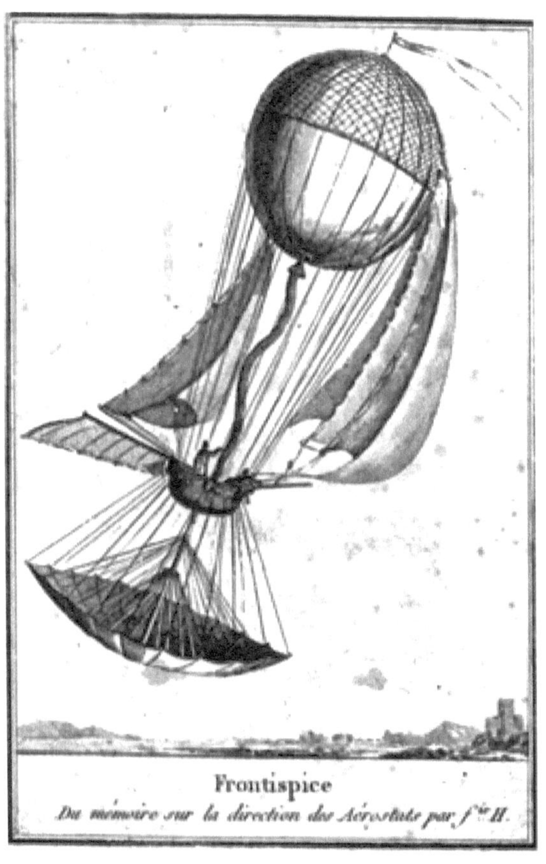

CRÉATIVITÉ HYPNOSCOPIQUE

Hénin de Cuvillers a utilisé la technique d'hypnoscopie pour s'aider dans son travail d'écriture au moment où, en tant qu'officier d'aérostat, il avait été chargé d'écrire un manuel du pilote.

Il a alors utilisé la méditation hypnotique pour inventer de nouvelles techniques de pilotage d'aérostat (1801). Il imagine un parapluie géant assurant une portance pour l'aérostat. Ce point d'appui conçu pour rassurer le pilote aux commandes, l'aide à se sentir soutenu comme un oiseau dans les airs ou un poisson dans l'eau. Nous pouvons voir un croquis de son invention ci-dessous. Ce développement a conduit à l'utilisation du parachute de toile chez les pilotes d'aérostat.

Plus tard en 1820, lors de l'écriture du « Magnétisme Éclairé », Hénin de Cuvillers utilisa sa technique d'hypnoscopie dans son travail d'écriture assez original. Comme il l'admettait lui-même, ses écrits sont faits à la hâte. Il doit produire rapidement, sans sacrifier à la qualité de ses écrits. Pour l'aider à éviter l'autocensure et bloquer sa pensée créative, il se met en état de transe et écrit toutes les idées qui défilent dans son champ de conscience, sans jugement, sans critique, sans se demander si ses idées sont acceptables, recevables ou valables. Cette façon de faire lui évite de tomber dans le piège ou le syndrome de la page blanche. C'était la même méthode que celle qui sera utilisée par les adeptes de l'écriture automatique, et les poètes surréalistes, un siècle plus tard.

Il ne planifie pas ce qu'il écrit, mais se laisse inspirer par sa mémoire, par les idées qui s'associent sur le tableau noir de son hypnoscopie intérieure. C'est comme s'il utilisait la technique d'association libre, elle aussi créée un siècle plus tard par un autre adepte de l'hypnose, Sigmund Freud (1891, p. 103).

Au sujet de son travail d'écriture, Cuvillers écrit (1820, p. 128) : « Il m'a été impossible de coordonner toutes les parties, car je le compose en ce moment, page à page, pour en fournir le texte à l'imprimeur ». Il ne se relit pas, mais se laisse plutôt porter par une vague d'inspiration. Comme s'il utilisait la technique de « disque brisé » il répète les mêmes bouts de phrases, comme un poète répétant les vers d'une strophe, pour accentuer une impression, il n'hésite pas à répéter, comme pour mieux convaincre, illustrant bien le proverbe latin « ***Bis repetita placent*** » qui se traduit par « Les choses répétées plaisent ».

Il continue ses explications ainsi : « Je n'ai pas même le loisir de relire ce qui précède, pour éviter des redites qui paraîtront sans doute bien fastidieuses à beaucoup de lecteurs. Je ne comptais enfin donner que deux ou trois pages d'introduction, et je ne sais encore où je m'arrêterai. Je laisse donc courir ma plume au hasard, et s'égarer sur les différents tons du sérieux et de la plaisanterie. Je me les suis permis pour lutter contre l'erreur et repousser des opinions qui commençaient à peser sur l'esprit d'une certaine classe d'hommes crédules et irréfléchis. Si je rends compte de détails aussi peu intéressants, c'est pour solliciter l'indulgence à laquelle je n'ai pas droit. »

Il explique comment, en se laissant emporter par le flot des idées, il n'arrive plus à s'arrêter! Il conclut en se disant (p. 129) : « Le sort en est jeté, je n'ai d'autre prétention, en publiant un pareil écrit, que de déterminer peut-être quelque savant, quelque physiologiste, à mettre autant et plus que je n'ai su faire, le courage et l'assiduité nécessaires pour observer et pratiquer par eux-mêmes les procédés du magnétisme, avant de prendre la plume pour redresser des opinions erronées. » Devant la complexité de toutes les ramifications du phénomène hypnotique, Hénin de Cuvillers sait rester humble. Pour lui, ce phénomène doit être expliqué sur le plan physiologique et ses écrits ont surtout pour but d'éveiller l'intérêt des « médecins » et « physiologistes ».

Deux cents ans plus tard, on connait les recherches et les études en imagerie fonctionnelle qui ont bien confirmé la validité et la réalité du phénomène. En génie visionnaire, Hénin de Cuvillers avait anticipé et prophétisé l'avènement de ces recherches et leur conclusion. Mais le débat qui, déjà à l'époque, hantait les coursives du temple de la Raison persiste encore. Aujourd'hui, ce ne sont plus les bouteilles de Leyden et l'électricité des « torpilles » qui confond les esprits. Ce sont plutôt l'hypnose spectacle, la fascination illusoire et l'apogée du conformisme de masse sous forme d'applications numérique. Ces « réseaux sociaux » contaminent les esprits pour les dépouiller de toute pensée critique élémentaire.

C'est donc dans le but d'élever le débat qu'Hénin de Cuvillers se lança dans la création d'une série de néologisme. Il cherchait sans doute à construire, à établir les fondements d'une nouvelle science, à ériger, à partir de rien, la science de l'imagination, de ses pouvoirs, de ses potentiels. Il souhaitait sans doute stimuler la recherche, l'observation et le débat sur les pouvoirs et le potentiel de l'imagination et son mécanisme d'action hypnotique, l'hypnoscopie.

SCIENCE DE L'IMAGINATION

Nous savons qu'Hénin de Cuvillers a créé une série de termes à partir des racines « énypnion » et « hypnos » tels que : hypnologie, hypnocritique, hypnopole, hypnocratie, hypnomancie, etc. Si pour lui l'hypnologie était le discours et la science de l'hypnose, l'hypnomancie, référait à la « divination » sous état de transe hypnotique qu'il ne faut pas associer à un art ésotérique. Ce terme avait été créé (voir le dictionnaire Litre), à partir de la racine étymologique « mancie » (Littré, 1863) qui tiendrait du sanscrit MAN, pour penser, et de mantu, pour sage. Un hypnomancien serait donc une personne qui utiliserait l'hypnose dans un but de visualisation, non pas pour prévoir l'avenir, mais pour l'imaginer, pour se la projeter intérieurement. Beaucoup de praticiens contemporains de l'hypnose utilisent, sans le nommer ainsi, cette technique d'hypnomancie créée à l'origine par Hénin de Cuvillers. Par exemple, un hypnothérapeute pourra suggérer à un client de se « projeter » dans un futur probable, lorsqu'ils suggèrent à la personne « essayer de vous voir dans cinq ans, au travail, avec votre famille, vos enfants, etc. ».

Hénin créa aussi une technique de motivation qu'il nomma l'hypnocratie. Elle désignait une technique particulière qui misait sur la force de motivation et d'énergie produite par la transe hypnotique. Il mentionna également l'hypnocritie, une autre technique d'hypnose qui augmentait l'accès à nos capacités de jugement et de raisonnement. On sait aujourd'hui que les techniques d'hypnose employées par les professionnels de la consultation clinique et médicale sont efficaces pour encourager, motiver et permettre une plus grande lucidité d'analyse et un meilleur jugement.

La création de toutes ces techniques visait donc à vulgariser le savoir scientifique, à donner un accès rationnel à l'hypnose, à détromper le public face aux croyances mystiques entourant le magnétisme et également de toute une catégorie de « guérisseurs » qui misaient surtout sur l'effet d'entrainement placebo de leurs procédures, rites et rituels.

CONCLUSION

Cette courte analyse historique basée sur des écrits publiés à partir de 1820 confirme bien le Baron Étienne Félix d'Hénin de Cuvillers comme premier concepteur de l'hypnose moderne. De plus, nous comprenons bien que ses techniques d'hypnose étaient transparentes et reposaient entièrement sur les principes psychologiques, les pouvoirs de l'imagination et la physiologie bienfaisante et réconfortante de l'immobilité.

Nous avons également démontré qu'il reste seul à l'origine du concept moderne de l'hypnose. Il a non seulement créé la terminologie des techniques d'hypnose, mais il a également su en dresser un cadre théorique rigoureux, basé sur le déterminisme scientifique.

Il faut aussi souligner que, contrairement à la croyance renforcée par des auteurs peu scrupuleux de l'exactitude étymologique, sa terminologie de l'hypnose ne se fonde pas seulement sur la racine « hypnos », mais surtout sur la racine « énypnion » signifiant « somnolence accompagnée de rêveries », ce qui désigne bien l'état de transe hypnotique qui, dans l'esprit même de son concepteur initial, n'a rien de l'endormissement profond.

Autre point intéressant de cette analyse, la conception scientifique de l'hypnose s'est construite sur la base du rejet de l'existence d'un fluide magnétique. Elle se fonde sur la rigueur de l'expérimentation de l'effet observé à partir de l'application de deux techniques fondamentales de l'hypnose. Ce sont des techniques très simples, n'impliquant aucune forme de croyance, de magie ou d'effet placebo. La première technique implique la physiologie de l'immobilité et de l'apaisement de la main qu'il nommait Abéaston, dont l'origine remonte à l'aube des civilisations. Hénin de Cuvillers a également le mérite d'avoir introduit les techniques d'imagination ou de visualisation sous état d'hypnose qu'il nommait hypnoscopie. Cette technique donnait elle-même accès à l'hypnocratie, augmentant la motivation, et à l'hypnocritie, augmentant la capacité de raisonnement critique.

EFFETS POSITIFS DE L'HYPNOSE

Hénin de Cuvillers déduit des conclusions très positives sur les effets réels de l'hypnose (p. 215). Il décrit dans ses observations de divers praticiens comment les « hypnologistes » obtiennent des résultats probants. Du même souffle, il conclut cependant que le système théorique du « fluide magnétique » est une pure absurdité qu'il qualifie de chimère dont l'existence n'a jamais été prouvée. Voici un extrait de cette conclusion :

« Le Système et la Pratique du Magnétisme animal offrent deux objets distincts et séparés ; et d'après tout ce que j'en ai dit précédemment, j'en conclus que l'un est une chimère, et l'autre une réalité. Ce Système est une chimère, parce qu'il suppose un fluide appelé magnétique animal, dont l'existence n'a jamais pu être prouvée, et tous les savants jusqu'aujourd'hui l'ont constamment rejeté. Cette Pratique, au contraire, est une réalité, parce qu'elle n'a cessé depuis plus de quarante ans de produire et reproduire jusqu'à ce jour, et en grand nombre, des phénomènes remarquables et des guérisons éclatantes.

Ces phénomènes doivent être considérés sous le double point de vue de la physiologie et de la psychologie, c'est-à-dire de la science de la nature et de la science de l'âme. Des phénomènes de physiologie et de psychologie ont été produits de tout temps jusqu'à nos jours, soit spontanément, soit artificiellement : on en trouve la trace jusque dans la plus haute antiquité ; mais les récits que nous en font les auteurs anciens et modernes sont presque toujours exagérés, et ne présentent le plus souvent que des faits invraisemblables et surnaturels.

Ces phénomènes sont produits spontanément lorsque les individus chez lesquels ils se manifestent éprouvent un certain état nerveux et une certaine disposition de l'âme. Ils sont produits artificiellement par divers procédés qui, de tout temps, paraissent avoir été mis en usage. Ceux qui en avaient connaissance en ont toujours fait un mystère jusqu'à l'époque de la découverte des procédés dits du Magnétisme animal par le docteur Mesmer. Ce médecin allemand est le premier qui donna en quelque sorte les dehors d'une véritable science à de pareils procédés, que ses disciples ont ensuite simplifiés et perfectionnés. Mesmer en avait d'abord fait un secret, auquel il attacha un prix qu'il parvint à obtenir. Aujourd'hui la pratique du Magnétisme est à la portée de tous ceux qui veulent s'en instruire, et ils peuvent l'employer avec succès, s'ils y ont des dispositions convenables. Je parlerai ailleurs de ces dispositions, qui dépendent beaucoup de la susceptibilité du genre nerveux de ceux qui veulent employer cette pratique.

Les procédés qui de tout temps, ainsi que je viens de le dire, ont été mis en usage pour produire des phénomènes de physiologie et de psychologie n'ont été proprement appelés magnétisme animal que par des physiologistes modernes, qui, dès les 15e, 16e et 17e siècles, ont publié à ce sujet des opinions systématiques. Cette dénomination de Magnétisme animal n'était que très peu connue dans l'antiquité. Ces procédés, qui ont pris naissance dans les pays chauds, où l'imagination est plus susceptible d'exaltation, pourraient être appelés, à plus juste titre, les Procédés du Magnétisme animal de l'imagination, parce que l'action de ce Magnétisme imaginaire s'exerce réciproquement par l'intervention des sens entre deux êtres animés. Cependant je conviens que cette dénomination n'est pas encore telle qu'elle devrait être; il faudrait qu'elle fût plus générale et de manière à pouvoir être adoptée par ceux qui soutiennent différents systèmes. Le mot Fluide également ne doit être employé dans cette discussion que par métaphore, c'est-à-dire comme renfermant une espèce de comparaison par laquelle on transporte ce mot, de son sens propre et naturel, dans un autre sens. C'est ainsi qu'un célèbre physiologiste, en parlant du sentiment de l'amour, a dit très éloquemment : Aimer, c'est exhaler sa vie ; elle jaillit dans les regards. Si ce principe vital qui jaillit dans les regards est appelé Fluide et pris au pied de la lettre, il n'y aurait plus de raison qui empêcherait d'employer le mot Fluide pour dénommer toutes les influences morales, et ce serait en quelque sorte matérialiser toutes ces influences. Ce ne peut donc être que métaphoriquement parlant, si on se sert du mot Fluide pour désigner le Magnétisme animal, appelé aussi par quelques magnétistes Fluide de volonté ; et toujours serait-il vrai que l'action de ce fluide aurait été exercée par l'imagination, et que les effets en seraient toujours du domaine de l'imagination. Les partisans de la réalité de ce fluide ne peuvent pas apparemment comprendre ce que c'est que le sens métaphorique d'un mot et parce qu'en étendant la main ils produisent un effet, les magnétistes ne s'imaginent ils pas naïvement que cet effet est produit par un fluide agissant, sorti du bout des doigts de leur main. Ils ne vont pas au-delà. Telle est la source de leurs illusions, de leurs erreurs et de leurs dogmes absurdes. Quoi qu'il en soit, on remarque que, de tout temps, les procédés du Magnétisme de l'imagination, et principalement ceux qui, dans l'antiquité, provoquaient l'Hypnoscopie et les crises nerveuses de toutes espèces, avaient beaucoup d'analogies avec les moyens que nos magnétiseurs modernes mettent en usage aujourd'hui. »

Selon Hénin de Cuvillers, on ne peut pas nier la réalité de l'effet de la pratique de l'hypnose, car, souligne-t-il, en quarante ans d'observations, il a pu voir se produire et se reproduire des milliers d'expériences et des effets positifs. Il parle ici de phénomènes remarquables, mais également d'observation de « guérisons éclatantes ».

Il ajoute que pour être expliqués, ces phénomènes doivent être considérés sous le double point de vue scientifique de la physiologie et de la psychologie. Mais surtout pas grâce à l'intervention d'un « fluide magnétique » dont l'existence reste indémontrable.

Enfin, il mentionne que les phénomènes qu'il a

observés sont sans doute les mêmes qui peuvent s'observer depuis l'aube de l'humanité. Ils s'expliquent implicitement par l'impact que peut avoir l'imagination sur l'être humain. Cet impact peut être positif comme négatif. L'imagination peut être porteuse d'espoir, mais peut aussi être le messager de la peur, de l'anxiété et de l'angoisse.

Hénin retrouve la trace de l'hypnose et de l'hypnoscopie dans les textes de l'antiquité. Il parle des prêtres des anciennes religions, de la magie et de ses procédés, empreints de rites mystiques et occultes qui ont pour but de subjuguer, de mystifier, de capter l'attention et de conditionner un espoir positif de guérison. Par exemple, il mentionne les pythonisses et oracles Sybille de la Grèce ou de l'Égypte antique qui se mettaient en transe pour exercer leur rôle de prophètes et de voyants, mais aussi de guérisseurs. Pour lui, il s'agissait là d'avatars de la pratique de l'hypnose.

En suivant le cours de l'histoire de la civilisation occidentale, Hénin de Cuvillers nous parle de « magie » au moyen-âge, en prenant soin d'évoquer ou en relevant la similitude étymologique entre les termes « magie » et « imagination ». Il assimile le plus souvent ces « magiciens » à des charlatans. Il explique comment certains magiciens opéraient des guérisons, mais cherchaient surtout à duper et à s'enrichir. Ils n'avaient pas à se conformer à un « code de déontologie ». Comme Hénin de Cuvillers le souligne, leur visée n'était pas purement thérapeutique. Il explique même l'origine des religions dans cette quête de prodige et de merveilleux que permet la transe hypnotique. Il inclut dans ces charlatans les marchands de « fausses reliques » du Moyen-Âge, ainsi que les divers ecclésiastes revendeurs d'indulgences qui promettaient de raccourcir le temps à passer au purgatoire, moyennant des offrandes en espèces sonnantes et trébuchantes.

Comme nous l'avons vu précédemment, Hénin de Cuvillers va même plus loin en parlant des miracles « opérés » par Jésus. Se sentant probablement encore protégé par une immunité révolutionnaire, malgré le Concordat de 1801, il fait le rapprochement entre les procédés de Jésus et les techniques d'hypnose comme l'Abéaston.

Par la suite, il mentionne tous les guérisseurs et rebouteux qui exercent une « médecine d'imagination » à partir du 14e siècle. Certains d'entre eux acquirent une très grande réputation en guérissant un grand nombre de maladies. Les procédés employés, incluant souvent des frictions, des attouchements sur les organes malades et des impositions de main, paraissaient occultes et mystérieux. Hénin expliquait le succès de ces pratiques par l'effet de l'imagination positive, mais également à l'effet placebo des croyances et superstitions.

LE LÈGUE D'HÉNIN DE CUVILLERS

Les techniques d'hypnose introduite par Hénin de Cuvillers ont su résister au passage du temps. Elles nous ont été transmises à travers les écrits de Braid, qui s'est largement inspiré des travaux de Cuvillers, par l'entremise de Charles Lafontaine.

Nous avons vu que les techniques d'autohypnose comme l'Abéaston et l'hypnoscopie existent à l'état brut depuis l'aube de l'humanité, dans différentes cultures et civilisations. Mais c'est Hénin de Cuvillers qui a su les représenter sous une lumière rationnelle. Leur efficacité et leur simplicité en font encore aujourd'hui des outils de choix sur le plan de la psychothérapie.

La contribution majeure de son travail a été d'indiquer clairement que l'hypnose, l'abéaston et l'hypnoscopie sont de véritables techniques psychothérapeutiques. À la fois simples à utiliser, sûres, et efficaces, ces techniques reposent sur de véritables mécanismes physiologiques et psychologiques qui n'ont rien à voir avec la croyance en de faux systèmes, avec un magnétisme simulé ou un effet placebo.

J'espère que les utilisateurs contemporains de ces techniques d'hypnose trouveront utile de reconnaître leur histoire et de comprendre leurs enjeux, à partir de la personnalité honnête et bienveillante d'Étienne Félix d'Hénin de Cuvillers, le véritable père de l'hypnose moderne qui mérite d'être reconnu pour son apport singulier.

Ses concepts et techniques de base, qu'il souhaitait léguer à des psychologues et à des physiologistes, méritaient une plus grande reconnaissance académique. Bien que son travail ait été oublié jusqu'à tout récemment, j'espère que d'autres essayistes et experts en hypnose pourront analyser son travail et contribuer, comme je l'ai tenté, à faire revivre ce fondateur de l'hypnose moderne.

BIBLIOGRAPHIE

Chomsky, E. S. (2008). *La Fabrication du consentement : De la propagande médiatique en démocratie.* Agone.

Constant, B. (2018). *Annales Benjamin Constant,* Volumes 20 à 22, p.94.

Deleuze, J. P. (1846). *Instruction pratique sur le magnétisme animal. Dentu, Paris.* Paris : Dentu.

Ellenberger, H. F. (1994). *Histoire de la découverte de l'inconscient.* Paris : Fayard.

Faria, J. C. (1819). *De la cause du sommeil lucide, ou Étude de la nature de l'homme.* Paris : Horiac.

Freud, S. (1891). *Standard Edition of the Complete Psychological Works of Sigmund Freud* (Vol. 1). (J. S. Trans.), Éd.) London : Hogarth Press.

Gravitz Melvin A., G. M. (1984). Origins of the Term Hypnotism Prior to Braid. *American Journal of Clinical Hypnosis, 27*(2).

Hénin de Cuvillers, É.-F. (1801). *Mémoire sur la direction des aérostats.* Paris.

Hénin de Cuvillers, É.-F. d. (1820). *Le magnétisme éclairé.* Paris : Barrois.

Hénin de Cuvillers, É.-F. d. (1821). *Le magnétisme animal retrouvé dans l'antiquité.* Paris : Barrois.

Hénin de Cuvillers, É.-F. d. (1822). *Archives du magnétisme animal* (Vol. 2-4). (Barrois, Éd.) Paris.

Kuhn, T. S. (1996). *The structure of scientific revolution.* Chicago, Illinois : University of Chicago press.

Lafontaine, C. (1866). *Mémoires d'un magnétiseur.* Paris : Germer-Baillière.

Littré, É. (1863). *Dictionnaire de la langue française* (Vol. 3). Paris.

Maine de Biran. (1820). *Journal.* (É. i. Gouhier, Éd.) Éd. de la Baconnière.

Michaud, J. F. (1857). *Biographie universelle, ancienne et moderne* (Vol. 19).

Sonnerat, P. (1782). *Voyage aux Indes orientales et à la Chine : fait par ordre du Roi, depuis 1774 jusqu'en 1781 : dans lequel on traite des mœurs, de la religion, des sciences & des arts des Indiens, des Chinois, des Pégouin & des Madégas.* Paris : Chez l'auteur.

Virey, J.-J. (1818). Des effets de l'imagination sur nos corps. Dans *Dictionnaire des sciences médicales* (Vol. 24). Paris : Charles-Louis-Fleury Panckoucke.

Voltaire. (1877-1885). *Œuvres complètes de Voltaire* (Vol. 18). (é. L. Moland, Éd.) Paris : Garnier.

NOTE BIBLIOGRAPHIQUE

Nous avons pris la liberté de reproduire ici la notice biographique d'Hénin de Cuvillers qui résume sa carrière et sa contribution avec justesse et détails.

Cette notice est tirée de la « Biographie des hommes remarquables du département de Seine-et-Oise, depuis le commencement de la monarchie jusqu'à ce jour » par Ernest et Hippolyte Daniel, Chaignet, Rambouillet, 1832.

HÉNIN DE CUVILLERS (Félix-Étienne, baron d'), Maréchal-de-Camp, chevalier de Saint-Louis, officier de la Légion - d'Honneur. Depuis longtemps la famille de M. d'Hénin de Cuvillers possède des propriétés dans Seine-et-Oise, et y occupe des emplois publics ; lui-même y a possédé la terre de Longue Terre, aujourd'hui Longue-Toise, de Chérel et de Chalo-Saint-Mars en partie, qu'il céda par la suite à son frère aîné. C'est donc par justice que nous consacrons ici une notice sur cet homme aussi distingué par ses talents militaires que par ses connaissances étendues dans la littérature philosophique. M. d'Hénin de Cuvillers est né à Balloy, département de Seine-et-Marne, le 27 avril 1755.

D'abord cadet gentilhomme au régiment des dragons de Languedoc, par lettre du 24 mars 1779, puis sous-lieutenant au même régiment, il fut ensuite envoyé dans la diplomatie à Coblentz, près l'électeur de Trèves, le 14 décembre 1784. S'étant acquitté de ces fonctions avec talent, il fut nommé secrétaire de l'ambassade de Venise le 13 novembre 1785. Le 2 mars 1788 il fut envoyé près la république de Venise en qualité de chargé d'affaires de Sa Majesté dite très chrétienne, et, le 11 mai 1793, après avoir fait preuve de hautes connaissances dans l'art diplomatique, il fut envoyé avec le titre de ministre résident de France près la Porte-Ottomane. Ce fut en mai 1795 que M. d'Hénin de Cuvillers, par ordre de son gouvernement, se rendit en Thessalie auprès du fameux Ali-Pacha de Janina, qui le reçut d'une manière très distinguée. Pendant le court séjour qu'il fit à Janina, il en obtint quatre audiences. C'est dans une de ces entrevues qu'Ali-Pacha, voulant paraître l'ami des Français, remarqua la cocarde tricolore et prononça ces mots en langue turque : Pek-guiuzelguiul (très belle rose). Rentré dans la carrière militaire qu'il affectionnait, il fut nommé lieutenant au 15e régiment de dragons le 2 août 1796. Brave et intrépide, il eut un cheval tué sous lui d'un coup de feu à la bataille de Caldero, le 10 novembre 1796.

Le 16 novembre de la même année il fut blessé d'un coup de feu à la cuisse gauche, et son cheval également blessé à la seconde journée de la bataille d'Arcole. Le 23 février 1797, M. d'Hénin de Cuvillers fut nommé commandant de la forteresse et du port de la place d'Ancône ; le 24 février de la même année adjoint à l'état-major général de l'armée d'Italie, et le 14 avril 1797 commandant du quartier général de l'armée d'Italie. Une incroyable activité d'esprit, un zèle à toute épreuve pour remplir les devoirs les plus difficiles, placèrent bientôt M. d'Hénin de Cuvillers au milieu des officiers distingués de l'armée. Promu au grade de capitaine adjoint à l'état-major général de l'armée d'Italie par brevet du 19 juin 1797, il fut détaché momentanément pour être envoyé en qualité d'adjoint à l'état-major général de l'armée de Rome le 4 décembre 1798. Le 13 du même mois de la même année, il fut chargé, par ordre du général en chef de l'armée d'Italie Joubert, de faire subir un interrogatoire au comte d'Amian, détenu dans les prisons de Turin. Le comte d'Amian-Prioeca était alors ministre des Affaires étrangères du roi de Sardaigne.

Constamment chargé de missions importantes, M. d'Hénin Cuvillers fut envoyé le 19 novembre 1798, par le même général en chef Joubert, vers le général Miollis à Sarzane, pour lui remettre des ordres secrets relatifs à l'occupation du territoire de la république Lucquoise. Commandant d'armes de la place et des bastions de la ville de Lueques le 2 janvier 1799, ce fut lui qui régla le sort des otages de cette république par ordre du général en chef. Détaché momentanément de l'état-major général de l'armée d'Italie, il fut envoyé en qualité d'adjoint à l'état-major général de l'armée de Naples le 7 juin 1799.

Après avoir assisté aux divers combats de la Trebia, M. d'Hénin de Cuvillers fut nommé chef d'escadron par le général en chef de l'armée de Naples Macdonald, le 19 juin 1799. Continuellement occupé, il fut encore, dans l'espace de quelques mois, nommé juge au tribunal militaire de révision de l'armée d'Italie, chef de l'état-major de la division de Ligurie à Gênes, chef d'escadron - rapporteur du conseil de guerre permanent de révision de l'aile droite de l'armée d'Italie, chef d'état-major de la 7e division de la même armée, et, le 18 mai 1800, chef d'état-major de la division des Alpes maritimes à Antibes, pour l'organisation des troupes de nouvelles levées destinées à la défense du pont du Var. Le 31 décembre 1800, M. d'Hénin fut envoyé encore comme chef d'état-major du siège de Peschiera, sur le lac de Garde, commandé par le général du génie de Chasseloup - Laubat. Il y parlementa avec le comte de Blumenstein, commandant la flottille autrichienne, le 6 janvier 1801. Chargé pa1 ordre du ministre de la guerre, en 1801, de la démolition des places fortes du Piémont, conjointement avec deux officiers supérieurs, l'un du génie et l'autre de l'artillerie, il se rendit à Turin et remplit avec zèle cette nouvelle mission, qui lui valut la place par intérim de sous-chef de l'état-major de l'armée d'Italie. Dans la même année, il avait été antérieurement chargé, par ordre du général en chef Brune, d'activer la démolition des forts de Vérone et de la Rocca-d'Anfo. Le 12 octobre M. d'Hénin de Cuvillers fut fait chef d'état-major de la cavalerie de l'armée d'Italie.

Par lettres de service du 11 août 1802, il fut adjoint à l'état-major général de l'année de Saint-Domingue. D'abord chef de l'état-major de la division de droite du nord, commandée par le général Lapoype, au môle Saint-Nicolas, puis à la première division de l'armée du cap ; il fut chargé du désarmement des Blockhouses du Treillis et du

Pias, en présence des nègres révoltés dans la plaine du Cap-Français le 5 novembre 1803. Ce fut à l'attaque générale des nègres qu'il eut un cheval tué sous lui d'un coup de feu, et il fut nommé dans cette circonstance, sur le champ de bataille, colonel-adjudant-commandant le 18 novembre de la même année. Le lendemain le colonel d'Hénin de Cuvillers fut envoyé en parlementaire vers le général en chef des nègres Dessalines, pour traiter les articles de la capitulation, après laquelle il fut fait commandant d'armes de la place et des ports du Cap-Français, armée de Saint-Domingue.

Le 29 novembre 1803, le colonel-adjudant-commandant d'Hénin fut fait prisonnier de guerre avec quatre officiers et trente grenadiers ; mais le lendemain 3o il fut relâché par ordre du général en chef des nègres Dessalines. Étant embarqué sur la frégate française la Clorinde, ce brave militaire y fit naufrage sur les récifs à fleur d'eau à la sortie du cap de Saint-Domingue. Fait prisonnier de guerre avec tout son équipage par les Anglais, il fut transféré sur le vaisseau l'Hercule, qui le déposa à la Jamaïque le 11 décembre 1803. Ayant obtenu de l'amirauté anglaise à la Jamaïque un passeport pour retourner en France comme prisonnier de guerre sur parole, il arriva, après une longue et pénible traversée, à Paimbœuf près Nantes le 2 mai 1804, sur le parlementaire le Saint-Nicolas, à bord duquel il avait fait charger les archives de St Domingue, consistant en dix-huit ou vingt caisses dont la garde lui avait été confiée par le général en chef de Rochambeau, avec ordre de les faire transporter en France, où elles furent déposées au ministère de la Marine le 29 mai 1804. Le 14 juin de cette année M. d'Hénin fut nommé membre de la Légion-d'Honneur. Après avoir servi aux armées en Allemagne, en Prusse, en Hongrie, en Pologne, il fut fait chef d'état-major de la 24e division militaire à Bruxelles. Le 17 octobre suivant, il organisa la cohorte de Saverne, composée de près de trois mille hommes, et en nomma les officiers par ordre du général en chef de l'armée de réserve sur le Rhin. Le 20 septembre 1806, il reçut le commandement du département du Mont-Blanc à Chambéry. Il organisa, tant à Landau qu'à Mayence, la légion polonaise dite première légion du Nord, forte de six mille six cents hommes, sous les ordres du général Zaîoncheck. Passé le 1e décembre 1806 à la grande armée de Prusse et de Pologne, il fut blessé à Osterode le 18 mars 1807. Pour récompense de ses nombreux services, il fut doté d'un domaine en Westphalie, du revenu de deux mille francs de rentes annuelles en biens-fonds, par décret du 19 mars 1808. Placé à l'armée d'Italie, d'Allemagne et de Hongrie, il fut nommé le 30 mai 1809 chef d'état-major de la 1rc division de l'armée. Le 25 juin de la même année M. d'Hénin de Cuvillers fut envoyé à Raab en Hongrie, comme chef d'état-major du gouvernement français en Pologne, sous les ordres du général de division comte de Narbonne, et, trois jours après, il fut en outre fait commandant d'armes des forts de cette place. Le 15 août 1809, il fut fait baron de l'Empire. Après avoir servi avec la plus grande distinction et avoir donné des preuves de talents militaires à l'armée expéditionnaire du Tyrol, à Brixen, à Trente, il fut créé officier de la Légion-d'Honneur par décret du 19 avril 1811, chevalier de Saint-Louis par Louis XVIII le 1e novembre 1814 et confirmé dans son titre de baron le 30 décembre de la même année. M. d'Hénin de Cuvillers fut nommé maréchal de camp le 4 mars 1819. Au milieu d'une carrière militaire si pleine, ce capitaine ne négligea pas l'étude des lettres, il trouva encore le temps de manier également la plume et l'épée.

On a de M. d'Hénin de Cuvillers : 1° Système de paix et de guerre des puissances européennes, à l'égard des régences barbaresques, traduit de l'italien sur la 2e édition italienne imprimée à Venise en 1787, in-12 ; Venise, 1re et 2e édit., 1787 et 1788.

2° Essai sur la marine ancienne des Vénitiens, prouvant la connaissance qu'ils avaient de l'Amérique avant Christophe Colomb ; traduit de l'italien, in-8°, Venise, 1788, avec figures et cartes.

3° Histoire philosophique et politique du commerce de la navigation et des colonies des anciens sur la Mer-Noire, avec l'hydrographie du Pont-Euxin, publiée d'après une ancienne carte conservée dans la bibliothèque de Saint-Marc à Venise ; traduit de l'italien, 2 vol. in-12, Venise, 1789, avec cartes.

4° Coup-d'œil historique et généalogique sur l'origine de la maison impériale des Comnènes à Constantinople ; in-8°, Venise, 1789.

5° Appel du peuple vénitien au peuple français, concernant la destruction de la république (Venise), an VI (décembre 1797), et Milan, 1798, in-8°.

L'auteur de cet écrit était alors capitaine à l'état-major général de l'armée d'Italie, et se trouvait à Perseriano où se tenaient les conférences qui devaient décider du sort de Venise. On crut s'apercevoir que le général en chef voulait vendre Venise à l'Autriche pour quelques millions. Ce fut dans cette circonstance que M. d'Hénin rédigea cet écrit, qu'il remit à quelques patriotes vénitiens, qui le firent imprimer secrètement à Venise sans nom d'auteur ni lieu d'impression.

6° Recueil de lois militaires, etc. in-8 », Gênes, 1799.

7° Rapport sur le jugement rendu contre Guillaume Maris, commandant d'armes de la place de Céva ; in-8°, Gênes, 1799.

8° Journal du siège de Peschiera, suivi d'une notice historique sur l'ancienne habitation du poète Catule, située dans la presqu'île de Sirmione ; in-8°, Gênes, 1801, avec cartes et figures.

9° Mémoire sur la direction des aérostats.

On a encore de lui plusieurs ouvrages sur le magnétisme animal, dans lesquels il attaque le système de Mesmer et combat très vivement les opinions de deux auteurs qui ont écrit sur le même sujet, M. le marquis de Puységur et M. Deleuze, fidèles disciples de Mesmer. M. d'Hénin soutient que le système d'un fluide magnétique animal est erroné, parce qu'il manque entièrement de preuves, et que les partisans de ce système se sont toujours laissé tromper par des illusions. Il ne nie pas la réalité de phénomènes du magnétisme animal, qu'on pourrait, dit-il, appeler plutôt le magnétisme de l'imagination. Il prétend que de tels phénomènes, qui sont purement naturels, ont presque toujours été défigurés et rendus inexplicables par l'exagération des enthousiastes qui les racontent ; que, d'ailleurs, ces sortes de phénomènes ont été observés de tout temps. Il croit en avoir retrouvé la trace jusque dans la plus haute antiquité. Il considère les prodiges magnétiques comme devant servir de clef pour expliquer tous les prétendus miracles qui abondent dans l'histoire des religions, et pour démasquer toutes les jongleries et les impostures de la superstition, de la magie et de la sorcellerie. Le style de l'auteur mérite des éloges ; ses écrits sont d'ailleurs forts de raisonnement et remplis d'érudition, mais ils ne sont pas à l'abri de toute critique. Quoi qu'il en soit, ses adversaires, auxquels M. d'Hénin reproche d'avoir donné une fausse direction au magnétisme animal, semblent, du moins jusqu'à présent, avoir abandonné le champ de bataille.

10° Réponse aux articles de M. Hoffmann insérés en juin 1816 dans le Journal des Débats contre le magnétisme animal ; in-8°, Paris, 1816.

11° Journal de la Société du magnétisme animal, 1 » et unique numéro ; in-8 », Paris, juillet 1816. (Il a reparu sous le titre d'Archives du magnétisme animal.)

12° Le magnétisme éclairé ou introduction aux archives du magnétisme animal ; in - 8°, Paris, 1820.

13° Archives du magnétisme animal. Ouvrage périodique commencé le 1er mai 1820 jusqu'en 1823, formant 8 vol. d'environ 300 pages, in-8°, Paris.

On trouve dans ce journal une foule de remarques savantes appuyées d'observations physiologiques des plus curieuses, et de réflexions très piquantes sur la faculté de prédire attribuée aux somnambules ; sur les rêves, sur les illusions et les visions, sur le sommeil extatique, sur les miracles de la phantatiéxoussique - oniroscopique qui, suivant cet auteur, sont tous purement naturels. M. d'Hénin admet une transfusion de facultés morales et une atmosphère de sensibilité qui agissent réciproquement parmi les êtres animés, mais toujours par l'entremise des agents physiques, c'est-à-dire des sens, en sorte que les expressions ne peuvent être employées que métaphoriquement, ainsi qu'il paraît le démontrer dans le tome vu de ses Archives, p. 61 et suivantes.

Cet auteur dit avec raison qu'il serait inconvenant, de la part dc1 médecins, de jouer le rôle insignifiant de magnétiseurs exaltés, et de déposer l'honorable chausse de docteur pour vêtir les livrées du charlatanisme.

On trouve enfin, aux pages 97 et 129 du tome VIII des mêmes Archives, une dissertation vraiment théologique dans laquelle M. d'Hénin avance que J.-C. aurait opéré également des miracles ainsi que des phénomènes très naturels improprement appelés magnétiques, mais qu'on doit, dit-il, désigner sous le nom de miracles phantasiéxoussiques. H en conclut que le Christ était magnétiseur, et que c'est en Égypte qu'il a été instruit dans l'art de magnétiser. Il fonde cette assertion sur un passage du célèbre apologiste de la religion chrétienne Arnobe l'ancien, qui a dit que les païens prétendaient que Jésus-Christ avait dérobé les pratiques secrètes des prêtres égyptiens, conservées dans les lieux les plus cachés de leurs temples : Egyptiorum ex abditis remotas furatus est disciplinas (Arnobius, lib. 1, Contra gentiles.)

14° La morale chrétienne vengée, ou réflexions sur les crimes commis sous le spécieux prétexte de la gloire de Dieu, des intérêts de la religion et ceux de l'état, suivie d'observations historiques, politiques, philosophiques et physiologiques sur les faux miracles opérés par le magnétisme animal ; in-8°, Paris, 1821.

On trouve dans ce volume de l'esprit, de l'érudition, des souvenirs piquants et des rapprochements heureux, dans lesquels M. d'Hénin de Cuvillers a fait jaillir des vérités et des aperçus philosophiques du plus grand intérêt.

15° Le magnétisme animal phantatiéxoussique retrouvé dans l'antiquité ; in-8°, Paris, 1821.

16° Exposition critique du système et de la doctrine mystique des magnétistes, in - 8°, Paris, 1823.

L'auteur annonce dans cet ouvrage que son but est d'y éclairer la pratique du magnétisme animal en tenant à la main le flambeau du simple bon sens et de la raison ; son intention, dit-il, étant de faire non seulement la guerre aux préjugés sous quelques bannières qu'ils puissent se montrer, de combattre les croyances mal fondées qui engendrent tant d'erreurs et de fourberies, mais encore de démasquer les jongleries de beaucoup de religions.

17° Réflexions en faveur de la cause des Grecs ; in-8°, Paris, juin 1822.

Cet ouvrage est le fruit d'un esprit judicieux et d'un ami de l'indépendance des peuples.

18° Monarchie des Solipses, par J. Clément Scotti, jésuite ; nouvelle édition française, in-8°, Paris, 1824, précédée d'un discours sur les jésuites anciens et modernes.

19° Des comédiens et du clergé, suivi de réflexions sur le mandement de monseigneur l'archevêque de Rouen ; in-12, Paris, 1825.

20° Encore des comédiens et du clergé, accompagné de réflexions politiques et religieuses ; in-8°, Paris, novembre 1825.

21° Discours concernant l'ordre des templiers modernes ; in -» 8°, Paris, 1826.

L'auteur de cet écrit y soutient que le prétendu ordre des Templiers modernes en France, n'est qu'une fiction purement gratuite, et son existence politique entièrement nulle. Que cette association, née dans l'obscurité et n'ayant jamais été qu'une émanation de la franc-maçonnerie, veut néanmoins, sans aucun but d'utilité, singer l'ancienne chevalerie des templiers dont l'entière destruction fut résolue dans le concile général de Vienne, en octobre 1311, et supprimée dans un consistoire secret tenu par le pape Clément V, le mercredi 22 mars 1312 ; suppression que ce souverain pontife publia le 5 avril de la même année, dans la seconde session de ce concile général. M. d'Hénin de Cuvillers adresse ensuite des reproches plus sérieux à ces mêmes templiers modernes qu'il accuse : 1° de professer et de mettre quelquefois en pratique, dans leur régime intérieur, les maximes du pouvoir arbitraire le plus absolu, et de méconnaître pour ainsi dire la vraie morale de la sagesse et les sublimes principes de la philosophie ; 1° d'avoir adopté ouvertement d'une manière bien irréfléchie, l'alliance monstrueuse du sacerdoce et de la souveraineté terrestre, qui est si contraire à la volonté expresse de J.-C., qui a dit : « Mon royaume n'est pas de ce bas monde ; » que la réunion des deux pouvoirs spirituel et temporel fit de tout temps le malheur des peuples et des souverains, suscita fréquemment des guerres religieuses les plus acharnées, et proclama de toutes parts l'intolérance la plus anti - chrétienne ; qu'elle ne forma que des gouvernements démoralisés, avilis sous le joug de la superstition et du fanatisme, ne pouvant se maintenir que par la fraude, que par les injustices, que par la violence, que par les supplices, et par toutes sortes de crimes que les partisans de ce genre d'hérésie se croient en droit de commettre pour la gloire de Dieu et par raison d'état. Il les blâme enfin d'admettre réellement ou d'une manière fictive, la confusion de ces deux pouvoirs temporel et spirituel cumulés sur la même tête dans la personne de leur chef, qui s'intitule altesse sérénissime, souverain pontife et patriarche grand-maître de l'ordre des Templiers de France.

22° Lettre en faveur du pourvoi en cassation de l'Évangile - Touquet ; in-8°, Paris, février 1827.

23° Discours d'un orateur franc-maçon, sur la morale maçonnique, la morale jésuitique, la morale turque ; le triple traité en faveur des Grecs ; la victoire navale de Navarin ; les haut-faits de la police de Paris, etc. In-8°, Paris, 23 novembre 1827 ; 3e édition, 1er janvier 1828.

24° Les Chalençons, Polignac modernes, avec quelques réflexions sur le procès des ex-ministres ; in-8°, 29 novembre r83o, 276 pages.

Les enfants de Dieu, ou la religion de Jésus-Christ réconciliée avec la philosophie ; in-8 », Paris, juin 1831, 15 pages ; juillet, 2e édition.

Telle est la liste complète des ouvrages de M. d'Hénin de Cuvillers. Ce militaire est membre de la Société royale académique des sciences de Paris, de la Société galvanique, de l'Athénée des arts, du Lycée des arts, de la Société libre des sciences, lettres et arts de la même ville ; membre de la Société des sciences et arts de Nantes ; membre et secrétaire de la Société du magnétisme animal, d'encouragement pour l'industrie nationale, et, enfin, de la Société linnéenne des sciences physiques et chimiques, depuis le 9 juin 1826.

À PROPOS DE L'AUTEUR

Rémi Côté est psychologue depuis 1990 et pratique l'hypnothérapie depuis 2002. Il se passionne pour l'histoire de l'hypnose et ses applications à la gestion de l'anxiété et à la stimulation de la motivation dans le monde des affaires.
Il intervient régulièrement à titre de conférencier et de formateur lors de divers congrès, colloques, conférences et symposiums portant sur la psychologie et l'hypnose.

Pour plus de détails sur l'hypnose et l'hypnothérapie, ou pour toutes questions concernant le sujet de ce livre, visitez le site :

https://hypnose-clinique.ca/